格局

世 界 永 远 不 缺 聪 明 人

吴军/著

中信出版集团|北京

图书在版编目（CIP）数据

格局：世界永远不缺聪明人/吴军著. -- 北京：
中信出版社, 2019.11 (2025.5重印)
ISBN 978-7-5217-0855-4

Ⅰ.①格… Ⅱ.①吴… Ⅲ.①企业管理－通俗读物
Ⅳ.①F272-49

中国版本图书馆CIP数据核字(2019)第151503号

格局——世界永远不缺聪明人

著　　者：吴　军
出版发行：中信出版集团股份有限公司
　　　　　（北京市朝阳区东三环北路27号嘉铭中心　邮编　100020）
承 印 者：北京通州皇家印刷厂

开　　本：880mm×1230mm　1/32　　印　张：9.5　　字　数：180千字
版　　次：2019年11月第1版　　　　　印　次：2025年5月第40次印刷
书　　号：ISBN 978-7-5217-0855-4
定　　价：59.00元

版权所有·侵权必究
如有印刷、装订问题，本公司负责调换。
服务热线：400-600-8099
投稿邮箱：author@citicpub.com

谨献给
吴梦华、吴梦馨和张彦

目录

前　言　从"态度"到"格局"　IX

1
人生的格局

要提升自己的格局，第一步是先认识到超出个人能力之外的力量——它可以是头顶的星空，也可以是心中的道德。只有敬畏这样的力量，我们才能把事情做好。

上帝只垂青主动的人　003

在没有听到反对意见之前不要贸然行事　010

分享利益，独立决定　015

不要因为小恶而忘记大善　021

勿因人之短护己之短，勿以人之短炫己之长　024

2

命运的力量

事实上,不确定性是我们这个世界固有的特征,世界上有很多我们自己甚至整个人类都无法控制的力量。知道自己的长处,知道自己能力的边界,承认这一点,才是唯物主义的态度。

尽人事,仍需听天命　031
看清能力的边界　036
在哪座山唱哪山的歌　040
怎样做事才能获得好运气　047
舍得止损,才能斩断厄运　051
对命运要常怀敬畏之心　056
如何跳出定式思维　059

3
生活的节奏

生活中最重要的是掌握好节奏。人在忙碌的时候，很容易忘掉忙碌的目的，最后反而离目标越来越远。从忙乱中退一步，思考一下目的，能省掉多余的需求和行动，减少不必要的麻烦，让我们更快地接近目标。

要思考，就需要慢下来　065

不要成为积极的废人　071

走出"越穷越忙，越忙越穷"的怪圈　078

懂得休息，才能更好地生活　081

一生要做的5件事　085

幸福的蓝色地带　094

如何成为精神上的自由人　099

4 智者的见识

对于智者，我总是对他们带有敬意，对他们的行事方式、一言一语格外留心，力争将他们的智慧变成自己的智慧。久而久之，我慢慢发现自己在见识和能力甚至运气上，都提升了一个等级。

我们应该和什么样的人交朋友　107

我的 5 位恩师　114

见小利，则大事不成　122

一张纸决定我们的高度　126

人最重要的是生活着，快乐着　129

拥有智慧，更要拥有勇气　136

5

心智的成长

成长首先看环境，而在环境的因素中，最重要的是家庭环境和朋友圈，其次要看自身做事的原则和方法。天天做冒险的事情，早晚有一天会付出失败的代价，相反，永远待在舒适区，只会让人无法成长。

每个人心中都有一个超级英雄　145

仰望星空，脚踏实地　149

成就的量级之差　154

如何脱离低水平勤奋　160

把事情做好的"三条边"　165

避免失去朋友的方法　173

怎么看待借钱问题　182

6
悲观与乐观

悲观主义的风格能减轻悲剧对我们的打击。当悲剧或者厄运真的发生时,由于在预期之中,我们会觉得打击不那么痛苦。然而,悲观主义虽然能够减轻痛苦,却不能解决问题。

过分自信与过度悲观　187

被信息放大的悲观　191

是什么导致了我们的误判　195

怀疑主义的危害　199

我们为什么怀旧　202

进步就会伴随着得到和失去　206

以正合,以奇胜　210

做事把握常态的三个原则　215

7
未来的法则

如果我们相信未来会比今天更好，坚信自己生活在一个好地方，所要做的便是认识到未来时代的特征和规律。把握住一些不变的道理，使用正确的方法，做那些能够不断让自己获得可叠加式进步的事情，这样便能立于不败之地。

未来的 8 个特征　221
寻找快速变化中的永恒　229
技术是手段，而不是目的　235
优质的才是稀缺的　240
免费时代的赢家和输家　247
超越免费的 5 个法则　254
信息时代的定律　270

致　谢　281

前　言

从"态度"到"格局"

态度（attitude）和格局（altitude）这两个词在英语里只差一个字母，但并不能互相替代。有了好的态度，再有大的格局，才能把自己上升的天花板提高一大截。因此，在《态度》一书出版之后，我在"得到"编辑团队的帮助下，将《硅谷来信》和《谷歌方法论》专栏中涉及格局的内容整理出来，重新组织材料创作，写成了这本书。

之所以选择这个主题，是因为很多读者的提问都涉及人的格局。比如，很多人问我：你研究了那么多的企业，也接触了很多商业巨子和学术界领袖，能否从他们身上找到一些相似的过人之处？他们是否有什么成功的秘诀，可以让我们学习之后也获得类似的成就？

格 局

特别灵验、一学就会的成功秘诀肯定不可能有，因为如果真的有，大家都照着做，那这些秘诀就不起作用了。这就如同在森林里，即使有一条捷径，如果大家都去走，也会变得拥挤不堪，捷径反而成了阻塞不通的道路。

但我回想那些人，他们的确有一个共同特点，那就是格局都超乎寻常地大。中国台湾商业巨子王永庆先生有一句话，"人有多大的气度，就做多大的生意"，其实就是在诠释这个道理。

据我观察，他们都十分清楚自己所在的位置，有非常明确的方向，然后用正确的方法沿着这个方向坚定地走下去。他们并不贪图步伐有多大，但是因为从来不去做（或者很少做）南辕北辙的事情，反而总是先人一步到达终点。相反，一事无成的人常常跑得很快，却在锲而不舍地兜圈子，或者受到环境的诱惑而不断改变方向，甚至干脆背道而驰，几年、十几年后回头看，又回到了起点。

一个人明确了自己所在的位置和方向后，根据自己的能力掌握好节奏，已经在格局上领先于同辈人。当然，很多人会觉得，知道自己的位置还不简单吗？往四周看看，找一个参照系就可以了。其实，现实中真不是这样。比如，不同人对今天时代的认识就千差万别。

你如果到社交媒体上看看，就会发现依然有很多人梦想成为拿破仑，他们试图通过显示自己的力量而赢得社会的认可。但遗憾的是，今天不是拿破仑的时代，而是和平发展的时代，如果谁还想通过武力（包括商业上的武力）成就事业，那就大错特错了。提升这个时代人类的福祉，才是正确的、该做的事情。我常常讲，如果一定要选一个当今的拿破仑，那一定不是某一位将军，而是比尔·盖茨这样的人。今天，创造出比别人更好的东西，才能体现自己的力量。

我说今天世界总体上是和平的，可能会有很多人不同意，他们会找出恐怖主义和贸易摩擦来反驳我。他们担心衰退，甚至有的人过分担心战争将要到来。这些错误的判断，就如同在森林中搞错了自己所在的位置，不管接下来如何努力，都难以走出森林到达目的地。中国在过去的40多年里实现了长期和平发展和高速增长，但是，从20世纪90年代初开始，就有人不断抛出"中国衰退论"。基于这种错误的判断，很多人错过了中国经济增长的快车。类似地，硅谷地区已经快速发展了半个多世纪，但是从20世纪60年代开始，就有不同版本的"硅谷衰退论"隔三岔五地出现，以至很多人错失了信息革命的良机。如果再往前看，19世纪末到20世纪初，美国虽然问题重重，却是人类历史上最好的发展时期。投资那个时代，就容易成为赢家；误判了那个时代，就可能退出历史舞台。那个时代的美国集中催生了人类一大批富豪，而在那个时期退出美国市场的罗斯柴尔德家族，则逐渐由盛而衰。

格 局

对未来的判断也是如此,如果一个人相信中国还能稳定发展20年,他采取的做法必然和怀疑论者截然不同,结果也会不一样。

当然,即使搭上了持续发展的快车,人的格局也会决定他们最终能站多高、走多远。比如,在同一个时代做风险投资,J.P.摩根和马克·吐温由于格局不同,投资的结果就有天壤之别。

金融巨子J.P.摩根应当算美国最好的天使投资人,他在爱迪生还没有发明电灯之前就投资了这位天才发明家。不过,如果他仅仅投资了爱迪生,只能算是运气好。事实上,他还投资了爱迪生的竞争对手特斯拉,以及特斯拉的竞争对手、无线电通信的发明人马可尼。对J.P.摩根来讲,他投资的其实不是某个具体的发明家或某一项技术,而是"电"这个未来的产业,这就是格局大。相比J.P.摩根,同样做天使投资的大文豪马克·吐温的格局就差多了。马克·吐温是位了不起的作家,一生挣了无数版税,却不是一个好的投资人,他的投资全都打了水漂。马克·吐温的问题在于,他只是从自己的需求出发,希望通过投资控制一些出版公司。他只看到一家家企业,而非一个行业。事实上,出版业在当时并不是一个能够快速发展的行业。有人向他解释过贝尔的电话技术,但他觉得那是天方夜谭,于是错过了最有希望的一次投资机会。

无独有偶,巴菲特和他父亲在格局上也有很大的差异。在巴菲特父亲做投资的年代,美国的汽车产业刚刚兴起,有很多家汽

前　言

车公司。巴菲特的父亲一家家看过去，根本搞不清楚哪家值得投资，于是错失良机。巴菲特讲过，父亲至少应该做空马车公司的股票，因为汽车发展起来，马车就会消失。巴菲特看到的是一个大时代，一个新产业，格局就大；而他的父亲总是纠结于细节，一直在寻找哪家汽车公司更值得投资，在格局上就有欠缺。

上面两个例子，说明了人在方向选择上的格局差异。而当明确了位置和方向后，格局的大小就要看采取行动的方式。在这一点上，格局大的人追求的是重复的成功和可叠加式的进步，格局小的人满足于自己某件事做得快、做得漂亮。

对大多数人来讲，获得偶然的成功并不难，难的是逐渐让成功从偶然变成必然。一个二流的网球选手，偶尔也能发出 ace 球（发球直接得分），但那种成功很难重复。而顶级的选手能够在每一场比赛中不断发出 ace 球，比如伊万尼塞维奇（20 世纪末最优秀的网球运动员之一），他曾经在一年内的正式比赛中发了近 1500 个 ace 球。如果仔细分析二流选手和顶级选手的动作，就会发现二者有巨大不同。后者不仅动作标准，更重要的是，每次发球动作的一致性极高，简直就像一个发球机。

人类历史上不乏天才，但是在 17 世纪之前，科技上重大的发明和发现都需要等待很长的时间才会出现，而且具有很大的偶然性。17 世纪之后，在哈维、笛卡儿等人总结出科学方法之后，科学家（最初叫自然哲学家）和工匠们主动应用这些方法，让科技成就不断涌现，这才让人类社会开始飞速进步。采用不正确的方法，偶尔也能做好事情，但是只有采用正确的方法，才能让成功变成大概率事件。

回到 J. P. 摩根和马克·吐温投资的例子上，二人除了在方向的判断上有差异，投资的方法也不同。作为职业投资人，J. P. 摩根在做投资时严格遵循投资规范，不受个人好恶的影响。看到电会改变世界后，他就义无反顾地去投资；看到给特斯拉的投资不会有结果时，就果断止损；看到爱迪生和马可尼能够不断发展，则加倍支持。今天的风险投资依然必须遵守这个原则，不断追加成功的投资，及早退出失败的项目。相反，马克·吐温的投资方式有很大的随意性，他主要根据自己的喜好操作。因此，马克·吐温即便偶尔投资成功，也会因为后来不断的失败把之前挣的钱损失掉。

至于可叠加式的进步，更是会带来指数级别的提升速率。

我的弟弟吴子宁从斯坦福大学毕业后，进入硅谷后来最大的半导体公司之一——美满电子（Marvell），从一个普通的研究人员做起，13 年后成为公司的二把手（首席技术官）。这不仅在硅谷的中国员工中很少见，在他的师兄弟中也是少有的。我问他成功的原因，他说除了要有一个比较高的起点外，主要是每往前走一步，都要聚集足够多的势能，让每一次进步都成为下一次进步的基点，而不是每一次都要重新开始。这就好比澳大利亚袋鼠虽然每次都蹦得很高，但是总会落到起点，它们一辈子能达到的最高点很有限。而那里的考拉虽然爬得慢，但是每一步都为下一步打好了基础，最后总能爬到树梢，这便是可叠加式进步的红利。

要做到高速率、可叠加式的进步，关键是做减法，懂得放弃。放弃森林中各种小岔路上风景的诱惑，才能更快地到达目的地。

我弟弟就放弃了很多机会，在摩尔定律控制半导体的年代，半导体产业总是充满各种诱惑。所幸，他能花七八年时间专注在一个产品上，将它做到世界市场占有率第一，而且每年能够产生超过 10 亿美元的营业额。在这个过程中，他还获得了 280 项美国和国际专利，这也确立了他在半导体行业技术和管理专家的地位。

今天谷歌公司内职位最高的华裔是我在约翰·霍普金斯大学的师弟，他从一名普通工程师做到了主管全球架构的副总裁，这在工业界是一个很受人尊敬的位置。他能做得这么好，也是因为放弃了所有不能对长远发展有用的短期机会。

谷歌曾经想让他负责整个中国的研发业务，这个机会看似很好，不仅能在职级上迅速得到提升，还可以衣锦还乡。但这限定了他发展的天花板，而且会让他远离谷歌最核心的业务。因此，他选择在美国坚守谷歌的核心业务。最终，由于他的业务对公司越来越重要，公司对他也越来越信任，并将最核心的业务交给了他。

不过，做减法很难，人通常喜欢获得而不愿意舍弃。两年前，一家发展很好的媒体公司的创始人向我咨询做一只基金的必要性，因为当时国内像样点儿的公司都喜欢做基金。他认为自己的人脉很广，一定能做好。我告诉他，如果他的逻辑能成立，世界上最大的基金一定是央视基金或者默多克基金，事实显然并非如此。后来，他开始聚焦自己擅长的领域，每一步都成了他后来继续前进的基础，现在发展得非常好。

2019年初，钱颖一教授和我一同梳理了中国发展比较好的企业，我们谈到了华为和段永平的vivo、OPPO。这两家企业有一个共同的特点，就是非常聚焦，善于做减法。按照中国很多企业家的思路，这么成功的企业该顺便做房地产挣钱，但是它们没有。做减法，聚焦自己的特长，让过去的经验成为未来发展的基石，使得这两家企业可以长期稳定发展。

人也是如此。一个青年人，如果能坚持做到高速率成长、可叠加式进步，即使起点低，即使30岁还不富裕，10年后的成就也是不可限量的。

当然，人也好，企业也罢，高速发展一段时间就会累的。因此，掌握好节奏是必要的。不懂得把握节奏的人，会因为一次失误失去之前的全部收益。这一点也会体现在本书内容中。

如果用一个词来概括本书的内容，就是"格局"；如果用10

个字来概括获得大格局的方法,那就是位置、方向、方法、步伐和节奏。任何人,不论起点高低,只要能认清自己的位置,找准方向,用正确的方法做事,提高进步的速度,同时把握好节奏,几年后就会看到一个格局比今天大很多的自己,一个让自己感到不枉此生的自己。

1
人生的格局

曾文正公讲过："凡办大事，以识为主，以才为辅；凡成大事，人谋居半，天意居半。"如果我们过分相信自己所谓的才华，其实就将最终的格局限制在自己当下的水平上了。

要提升自己的格局，第一步是先认识到超出个人能力之外的力量。这种力量就是中国人常说的"天"，西方人常说的上帝。西方人常常将朴素而实用的智慧蕴藏在有关上帝的各种比喻中。当然，在大部分人的心里，上帝未必特指基督教的耶和华，而是代表超自然的力量。即使无神论者心里也有自己的上帝——它可以是头顶的星空，也可以是心中的道德。总之，那是超出个人能力之外的力量。只有敬畏这样的力量，我们才能把事情做好。

上帝只垂青主动的人

上帝在西方的文化中是一个万能的角色。西方人即使不信上帝，通常也会把上帝和奇迹联系在一起。比如，当遇到绝境时，人们往往说"只能祈祷了"，言外之意就是只能等着奇迹出现。然而，有一则关于上帝的故事告诉我们，奇迹能否出现，其实和人的主动性有关。

这则故事是这样的。

从前，有一位非常虔诚的教徒，相信上帝能帮他解决一切难题。有一天他的房子着火了，他被困在里面，这个人就不断地祈祷，祈求上帝来救他。上帝当然没有来，但是来了一辆消防车。消防员搭了梯子，爬上屋顶，要救他出去。

这个人拒绝了消防员的帮助，他说："我不走，我在等上帝来救我，他一定会来的。"消防员怎么都劝不动他，火势越来越大，消防员不得不离开，然后让消防局派了架直升机来救他。救援人员从直升机上放下软梯，让他赶快爬上来，这个人却说："我不走，我在等上帝来救我，他一定会来的。"最终，上帝没有出现，这个人被烧死了。

这位虔诚的教徒死了之后，在天堂见到了上帝。他非常委屈地问上帝："上帝，我那么虔诚地信奉你，你怎么不来救我？"上帝回答："我第一次派了消防员去救你，第二次派了直升机去，可是你坚持不走，我也没有办法。"

虽然大部分人不会像故事里这个虔诚的教徒那样遇到火灾，但是在生活中，遇事不主动的人，上帝也没有办法帮他。

我们会在公司里看到这样一类人，他们认为以自己的方式努力工作后，领导就会主动提拔自己。可是，一次、两次甚至三次，领导都把提拔的机会给了别人。这类人就会出现类似那个教徒的想法：领导啊，我这么努力地工作，你为什么不提拔我呢？这类人的问题在于，缺乏主动性。

在工作中，主动性不仅体现在像老黄牛一样把本职工作做好，还要主动和领导沟通，承担更多、更重要的任务。虽然领导有责任了解每一个下属的工作情况，但对一个管理着 20 个人的经理来说，即便每周和每个下属聊半小时工作，都要花掉他 1/4 的工作时间，这在现实生活中很难做到。更何况，即便找每个下属聊了半小时，经理事后也未必记得住每个人做了哪些具体的工作、水平如何。通常的情况是，经理最了解和自己走得比较近的、经常主动谈工作的下属的情况。因此，一个主动工作的人，不仅要做好自己的本职工作，管理好自己和下属，还要善于"管理"自己的上级。

很多人可能会对"管理上级"感到陌生，甚至觉得这个说法错了，因为他们认为管理是上级对下级的。其实，管理上级不是给上级分配任务，也不是不服从上级的安排，而是让上级了解我们的工作，并且在必要时及时寻求上级的帮助。对于这样具有高度主动性的员工，上级都喜欢。

很多时候，事情能不能做成，问题能不能解决，取决于做事情的人是否有主动性。特别是在不理想的环境中做事情时，个人需要主动创造一个好环境。

我1996年出国时，办理美国签证没办法预约，人们要一大早到美国领事馆门前排队。由于领事馆每天能接待的人数有限，所以先到者才有机会，去晚了就办不上了。通常早上6点就有人在那里等候，而领事馆要到八九点才会开门。其间的两三个小时大家只好在队伍里站着，连厕所都不敢去，因为一旦离开，后面的人就不认账了。

格 局

我去办理面签时，早上6点多到了领事馆，那里已经排了几十个人。排队的人聊起天来，介绍各自的情况，慢慢就彼此熟悉了。我们饿着肚子站了没多久就累了，又不敢离开，于是我说："我们来发序号吧，这样大家可以去厕所，买早餐。"大家都赞同，于是我做了号码牌，按照先来后到的顺序发给大家，又找了两三个人来帮我维持秩序。这样一来，我们就不必都站在那里，可以到旁边歇息一下，或者去吃早饭。

等到领事馆开门后，我和几个人一直维持着秩序，让其他人按顺序进去面签。快轮到我时，我就把维持秩序的事情交给后面几个人继续做。每个人都不希望队伍混乱，影响到自己面签，因此每当前面的人进去之后，后面的人就会接上。等我办完签证从大使馆出来时，发现队伍依然井然有序。

几年前，我和合伙人李强先生讲起这件事，他听了之后告诉我，他也有类似的经历。他比我早几年出国，那时托福考试报名要排很长的队，常常一排就是四五个小时。这么长的时间，难免会发生混乱，报考者经常会争吵起来。李强就和几个同学用发序号的方式维持报名秩序。由于排队时间很长，有的人拿了号就走了，因此，他们每过一个小时就会重新发一次号，把那些试图占便宜的人清理掉。靠着自己的主动性，大家保持着排队的秩序，报名没有再像以前那样出现混乱。

或许是因为有主动性，我们才能把一些投资人组织起来，在硅谷一同投资。我们在给创业者投资时发现，创业者能否成功，在很大程度上取决于他们做事是否有主动性。主动性对所有人都是必要的，对创业者而言尤为重要。在创业者面前，几乎一切都是未知的，没有一定之规可以遵循。更糟糕的情况是，事情做起来才发现条件其实并不成熟，需要自己创造条件。而且，和最后目标无关的杂事特别多，创业者需要亲力亲为。在这种情况下，主动性是第一位的，个人的本事反倒是第二位的，这一点和在大公司里做事是完全不同的。在大公司里，主动性虽然很重要，但是公司已经有一定规模，业务发展平稳，平时该做什么事、怎么做事都有章可循。很多人按照惯例、按照领导的安排做事，通常不会有什么失误。

现在提起电商，很多人会想到阿里巴巴，觉得阿里巴巴的成功在很大程度上是靠先发优势。其实，在十几年前，阿里巴巴刚开始做电商时，前面已经倒下了一批电商公司，其中最著名的就是8848.com——它是以珠穆朗玛峰的高度命名的。这家公司的创始人在公司倒闭后说，中国不具有做电商的土壤。因为当时没有网上支付，没有信用体系，没有方便的物流，交易的各方缺乏诚信和相互的信任，供货方不规范的手工操作导致管理成本很高。结果，几乎每一笔交易不是有纠纷，就是因为效率低下而完成得非常艰难。

格 局

在所有人都不看好中国电商环境时,马云却把阿里巴巴做成功了。他比前辈强的地方并不在于技术更好、产品更漂亮,实际上,阿里巴巴一开始在这两个方面做得真不如倒掉的那批电商公司。马云的过人之处就在于做事情的主动性。当时,中国没有支付手段,马云就自己做一个;没有信用体系,马云就自己建立一个;没有好的物流,马云就让公司出面和物流企业谈一个消费者能够接受的条件。马云虽然遭遇了不少失败,一些问题不能马上解决——比如,阿里软件就失败了,通过软件帮助电商实现内部自动管理的目标没有实现——但是,总的来讲,马云和他的公司本着遇到问题就解决问题的主动性,花了几年时间,基本解决了电商会遇到的主要问题,因此有了后来的成功。如果马云被动地把答应风险投资人的工作都做完,然后告诉对方中国目前不具备条件,尝试失败了,那么,我们现在可能就看不到阿里巴巴了。

我们现在所处的时代,比历史上任何时代都更需要主动性,因为变化太快,只有主动适应环境,才能生存和发展。现在成功企业的主营业务和10年前相比,往往有很大的变化。阿里巴巴最早赖以生存的B2B(企业对企业)生意,不到10年就荡然无存;腾讯最成功的产品微信,10年前还没有诞生。没有主动性的企业,很快就会被淘汰;同样,没有主动性的个人,处境会越来越艰难,因为我们从事的行业消失的速度远比我们想象的快。

主动做事的收益或许不会在一两天内显现出来，但是长期坚持下来，主动做事的人就能和其他人拉开距离。到了关键的时候，只有主动做事，奇迹才会发生！

在没有听到反对意见之前不要贸然行事

刚到美国时,我和同学聊起一件事,就是美国议会里总有一些提反对意见的人,甚至有人为了反对而反对。很多时候,一件事情该做还是不该做是很清楚的,直接投票表决就好,他们却要争辩那么长时间。我问同学,在这种投票结果没有悬念的情况下,为什么还要浪费时间争来争去呢?他们告诉我,凡事总有"两面"——好的一面和坏的一面,当大家一致觉得一件事只有好的一面时,并不代表它不存在坏的一面,很可能是大家认识不够深刻,没有看到一些盲点。而那些没有被发现的问题,一旦发生,后果可能极为严重,甚至是灾难性的。

他们看待事情的这种态度,对我非常有启发。从此,对于那些人们都觉得好的事情,我会格外小心,因为我们可能忽视了它们的问题。为了避免认识盲点造成的灾难,我总是要多听一些意见，看看有没有疏漏，以免掉进坑里。如果有人提出反对意见，我会分析那些令人担心的情况是否很可怕；如果很可怕，就一定要找到防范措施后再开始实施原先的计划。

有人可能会说，这和中国古人的一些智慧不谋而合，比如，"众利勿为，众争勿往"。确实如此，这就是人性相近的一面。日中则移，水满则溢，月盈则亏，这是自然界的铁律。凡事到了头，就要格外小心。世界上每一次股灾，都是在人们欢呼经济形势大好，股市即将创造新高的时候发生的，而不是在有人质疑股市偏离了基本点的时候。众人都认为有利可图的时候，就会产生那种狂热的状态。

我后来在做投资时，对这个道理深有体会，并且一直恪守一个原则，就是在没有听到反对意见之前绝不贸然行事。比如，如果我们基金的所有合伙人都觉得某一个项目好得不得了，需要马上投资，我就会特别小心，因为这说明两件事：其一，我们的见识不够，可能有些东西没有看懂、看透，有点盲目乐观，因此发现不了问题，而不意味着项目没有问题；其二，投资的最好时机已经过去了，再去投资通常是做所谓的"接盘侠"。

2017年，中国某家互联网公司的负责人问我，是否会出现一家基于区块链的公司颠覆美国的谷歌、亚马逊、脸书或者中国的阿里巴巴、腾讯？我告诉他，有这个危机意识，就已经避免了一大半的麻烦。但是这种可能性不大，因为区块链已经属于趋之若鹜的技术，即使它再强大，上述几家公司也早有防备了。真正能够颠覆上述大公司的新公司，一定是使用没有被广泛关注到的技术，以至于大公司对此有认识盲区的公司。

"众利勿为，众争勿往。"这个道理说起来简单，但是能够做到的人或公司并不多。中国的创业圈在过去的十几年里有一个怪现象，就是美国一旦出现一家新奇的公司，中国就会出现一大堆类似的企业。谷歌收购了YouTube（视频网站），中国就出现一大堆视频网站，而且现有的互联网公司也加入这场大战，最后的结果就是没有一家公司能挣到钱。类似地，有很多模仿Groupon（团购网站）的团购公司，被模仿的对象在美国都不太成功，更别提成千上万家复制它的公司了。很多投资人以为抢一条所谓的"赛道"就能分一杯羹，岂不知众人相争，最后只有一个结果——相互碾轧致死。"众争勿往"这个道理古人都懂得，现在很多人在利益的驱动下反而忘记了，可谓利令智昏。

在美国，如果一个十字路口附近开了一家加油站，那么第二个人就会开一家便利店或者其他店，反正不会再开加油站了。第三个人可能会开一家快餐店，第四个人开一家咖啡店，于是十字路口有4家不同的店，大家都有生意做。我们做事喜欢扎堆，第一个人开一家快餐店,第二个人也来开一家同样的店,于是十字路口开了4家快餐店。

我曾经对比过中国一流大学和美国一流大学。在中国,好大学都长一个模样——争的都是科研经费多少、论文数量、院士人数等。如果把中国名牌大学简介中关于地点和校名的短语用"某地某校"替代,那些介绍几乎是一个模子刻出来的。我们常常认为研究型大学就是好大学,于是,二流、三流的大学都想把自己建成研究型大学,这种事情显然是不可能的,因为它违背了"众争勿往"的原则。

美国的好大学则不同,每一所学校都强调自己的特色,排名前25位的大学都不同。它们在设置学科时会考虑必要性,会考虑某个学科是否已经有太多学校设立了。

中国不仅大学缺乏特色,中国的学生和家长在申请名校时的做法也是千篇一律。先拼成绩,成绩接近就拼特长,比如奥数、音乐、体育等。实际上,当一种特长被很多人掌握之后,就不叫特长了。真正的特长要根据孩子的特点来发展。一个身高1.6米的男生,投篮再准也成不了专业篮球运动员;同样,一个数学在班上排名后50%的学生非要学奥数,也是勉为其难。在美国申请好大学,特长要有创意,被录取的人常常不是成绩最好的,而是有鲜明特色的。

我以前也喜欢凑热闹,觉得别人都做的事情一定有道理,自己不做肯定会吃亏。但现在,我渐渐习惯先听反对意见,把各种可能的坏消息都考虑到了,再决定是否要做。因此,如果一件事大家都觉得有好处,我通常就不做了。那些事情,要么有大家都没看到的风险,要么众人都觉得有利可图,其实已经没有利润空间了。

分享利益,独立决定

我到美国之前,在清华大学教授我自然语言处理课程的黄昌宁教授讲过,美国人之间搞学术合作比国内容易得多。我到了约翰·霍普金斯大学之后,很快就体会到这一点,并且了解了其中的原因。

我在约翰·霍普金斯大学的第一个导师是布莱尔教授,他是一位非常友善的人,也让我感受到"nice"这个词的意味。这恐怕是他后来能够在大公司里做到很高职位的原因。

我在布莱尔的指导下做研究时,有一个和我在同一间办公室的师兄约翰,他也是布莱尔的学生。当然,我们俩研究的方向并不相同。约翰是一个很愿意帮助人的人,我们经常讨论问题。后来布莱尔指导我们每个人写了一篇论文,都被EMNLP(自然语言处理前沿技术研讨会)录用发表了。布莱尔对约翰说:"Jun和你有很多有益的讨论，你不仅需要在鸣谢中写明这一点，而且要在引用文献中加入'personal talk with Jun Wu'（和吴军的私下讨论）这一项。"

引用文献标注的通常都是发表了的文章或者是研究报告（比如，我引用了约翰之前的研究报告），私下里的讨论虽然可能对研究有帮助，但通常不会加在引用文献里。我在和约翰讨论问题时，并没指望他一定要感谢我，何况约翰经常帮助我修改论文中的文字错误。

布莱尔要求约翰这么做，倒不是因为他对学生很好，而是他觉得分享利益是我们将来作为职业人士必须具有的基本素质，因此刻意让我们养成这样的习惯。这件事之后，我写论文时极为注意鸣谢所有帮助过我的人。

无独有偶，布莱尔离开学校之后，贾里尼克教授做了一段时间我的论文导师，也讲过两条类似的原则。

第一，如果同事的工作直接或间接地帮助了我们的论文，我们一定要在作者中加入他的名字。

第二，如果我们和同事在吃饭或开会时谈论过论文里的工作，我们一定要在论文中对同事表示感谢。

我之前读贾里尼克在IBM（国际商业机器公司）时发表的很多论文，一直奇怪论文的作者人数为什么那么多，听了他的这两条原则，我才明白其中的道理。世界上很多专业组织，比如学术界的、艺术界的和法律界的，都是利益共同体，都很讲究相互帮助、相互提携，而且有自己的规矩，大家都要遵守。

我到谷歌后，一直坚持每次申请专利都尽可能把合作者的名字加进去。虽然这会让我少得几百美元的奖金，但是对同事和下属的晋升帮助很大。类似地，每次上线产品发布内部新闻时，我会尽可能地把帮忙者都作为参与者向公司公布。我离开谷歌一年后，过去的一些同事告诉我，他们非常感谢我对很多同事的提携，每次有了功劳都分给他们一份。这其实不是我天生的做事方法，而是我受教育后养成的习惯。

相比之下，很多国内同事在这些方面很不注意。在谷歌，有些时候国内的员工发布了新产品，会忘记提及山景城（谷歌总部所在地）同事的贡献，对此我常常会不留情面地指出来。

为什么我坚持每个人都要分享利益，感激他人的贡献呢？因为一个大型组织只有这样才能形成合力。我们经常感叹，为什么中国人在硅谷晋升得没有印度人快，原因有很多。其中一个小原因是，部分中国人在分享利益这件事上做得不好，不注重相互提携。

中国古代留下的很多文献都记载了共享成果的道理，《史记》中就记载了这样一件事情。

汉朝开国皇帝刘邦问从项羽阵营投降过来的陈平："我和

格 局

项王有何区别？"陈平答道："项王宽和，您粗野傲慢。"

刘邦又问："那你为何弃项王而投奔我呢？"陈平说："项王对于有功之人舍不得封赏，而大王您不吝恩赐。"

这个故事说明，再好的人，如果舍不得分享利益，周围的人最终也会离他而去。

利益要分享，但是决策自己做就好了，很多时候未必需要民主集中，征求所有人的意见。这也是我在美国体会到的组织管理的一个特点。

很多人讲起美国，首先想到它是一个民主国家，凡事都民主，大家都参与决策，因此效率特别低。其实，民主只是对美国的各级公权力而言，对私营企业或独立机构来说，从来就不曾民主过，因此很多美国公司的管理效率并不低。

在美国的大公司里，权力是下放的，并非部门一把手决策所有的事情。从这个角度讲，它有一点点民主的味道。但是，一旦权力下放到某个人手里，通常这个人就可以自行决定很多事情，并不需要所有人同意、认可。

在美国的公司里，决策过程常常是这样的：具体负责人会先征求上下左右一些人（并非所有人）的意见，拿出一个方案，大家讨论一下，主要看看有没有遗漏，有没有质疑的声音。如果有遗漏，就把遗漏补上；如果有质疑，就评估一下质疑是否有道理。补上遗漏之后，通常就不需要再讨论了，负责人自己就把这件事情决定了。否则讨论来讨论去，总会有人不满意，永远没有穷尽。在做决策这件事上，美国人的效率还是很高的。

我在《态度》一书中讲过，没有最好，只有更好，"最好是更好的敌人"。认可这种思维方式的人，做决策时通常并不想一次性解决所有问题，而是追求在原有基础上取得进步，因此有瑕疵也没有关系。

我在清华大学的另一位老师朱雪龙教授在英国进修了很长时间。他和我聊天时说过，英国的教授远没有中国的教授忙，但是效率并不低，因为很多事情从来不开会讨论，几个相关的人非正式地谈一谈就决定了，也就是说大部分事情是独立决断的。这种做事方法和美国的大学、公司很相似。

现在，虽然开会、通信都方便了，但是我们不仅没有省去开会的时间，反而开了太多会，花了太多时间讨论原本不需要讨论的问题。据杰克·韦尔奇的助手、通用电气和高盛的首席培训官科尔讲，韦尔奇在接手通用电气后，发现公司里每个人每天都会收到太多的邮件，很多都无关紧要。这就说明发邮件的人可能是怕漏掉谁，把邮件的抄送范围不必要地扩大了。于是韦尔奇强行规定，如果发邮件时收件人（包括被抄送的）的数量超过一个数额（我记得是20个人），这个邮件就需要经过特别确认才能发出去。这样一来，每个人收到的邮件就少了很多。韦尔奇在担任通用电气首席执行官的10多年里，一直注重提高公司的管理效率。在他手中，通用电气的市值从130亿美元增长到4000亿美元，并一度成为全球市值最大的公司。

独立决断的背后是每一个人本身的责任。我发现，很多组织或机构中没有人愿意独自做决断的原因，不是他们不喜欢拥有决定权，而是害怕承担责任。我们常常讲公民意识，要成为一名合格的公民，就意味着对自己的所有决定负责任。当每一个人愿意承担自己的责任时，决断就不难了，效率也就提高了。

不要因为小恶而忘记大善

在20世纪90年代，到美国读书的中国人几乎都是靠学校提供的奖学金生活的。没有那笔钱，以当时中国家庭的收入，可能一辈子都付不起美国的全部学费。我在约翰·霍普金斯大学的时候，一年的学费加上生活费是3万多美元，等我毕业时涨到4万多美元。当时人民币兑美元的汇率超过8∶1，我6年读下来，就是200多万元人民币，这在30年前是一笔巨款。美国的大学不仅替我掏了这些费用，还让我在毕业时能攒出一辆新车的首付款，可谓对我有"大善"。我周围来自内地的同学几乎无一例外获得了这样的"大善"。

当然，拿人家的手短，吃人家的嘴软，我们这些留学生难免受到教授的一些剥削。有些教授除了让学生做研究，还会分派一些和学业无关的杂事给他们，比如帮助组织学术会议。这种事情

格 局

做多了,当然会晚几个月毕业。这种事情对一些人来讲是"小恶"。对于自己有些钱的美国学生来说,他们不需要奖学金,当然就能免除一些杂事。

但是,"小恶"相比"大善",毕竟量级小。我们这些留学生都懂得"勿以小恶而忘大善",大部分人坚持了下来,最后结果都很好。但是,也有少数人受不了这个"肮脏气",中途退学或转学了。退学的,后来的结果一般都差不少;而转学的会发现"天下乌鸦一般黑"。

大家毕业后到了一个好单位,这是一件大好事。当然,并非一直都会顺利、开心,有时同事会排挤你,有时上级会不公正。但是,如果这家单位值得你为它工作,遇到的麻烦就属于"小恶",该怎么处理就怎么处理,不能因为一件坏事把所有的好事都否定了。

> 我有一位朋友,他是脸书前100名入职的员工。你可能觉得他肯定发财了,其实不然,他因为一些很小的事情没有干到半年就离职了,结果一股期权都没有拿到。我估计他的损失至少有1亿美元,而他后来再也没有这样的机会了。

美国人比较懂得这个道理,在公司里,他们不太会因为一件事否定全部,而是能从大局出发,好好合作。我们有些人虽然看起来比较能忍，但是常常在工作上因小失大，逞一时之快而失去大机会。

据我多年来对国内职场的观察，很多人离职并非因为第二家公司比前一家好，而仅仅是因为他们在前一家公司遇到小小的不爽，就把之前所有的好忘了个精光，愤然辞职。有些人即使没有离职，做事也开始敷衍应付。或许这些人在某件具体的事情上做得没错，但是因为一点儿"小恶"而忘记公司曾经给自己的"大善"，那就得不偿失了。如果在美国公司里抱着这种心态工作，提升的可能性就会小很多。

我们的祖先在《礼记·大学》中这样告诫大家："好而知其恶，恶而知其美者，天下鲜矣。"意思是说，喜欢一个人，还能看到他的缺点，讨厌一个人，还能看到他的好处，这种人很少。

为什么少呢？因为人有一个固有的弱点，就是爱屋及乌，容易因为个人的好恶全盘接受或者否定一个人、一件事，容易把局部的得失放大成全局的结果。

很多美国人能够奉行"勿以小恶而忘大善"的做人做事态度，一是因为职业素养普遍较高，二是人与人之间感情谈得少，利益谈得多，容易做到心平气和地就事论事，而不会因为自己正确、对方错误就逞一时之快，最后断送了自己的前程。

勿因人之短护己之短，勿以人之短炫己之长

我们在生活中经常看到这样的情景。张三闯了红灯，被交警拦下处罚，张三辩解道："我看见前面一个人也闯了过去，你怎么不罚他？"然后就和交警争吵起来。如果遇到一个笨嘴拙舌的交警，可能真说不过他，最后要么不了了之，从此不再有人遵守规矩，要么争执升级，甚至动起手来。

十几年前，我到马里兰的交通法庭旁听过一次庭辩，就是类似的纠纷。被告抱怨很多车都在高速上超速行驶，他只是跟在别人后面而已，警察没有抓领头的却抓了他。法官问："你是否超速了？"他对此没有否认，但依然辩解是别人超速让他不知不觉开快了。法官说："你自己有责任保持车速在限速以内，现在讨论的是你的问题，不是别人超速了你就可以超速。"

我们经常看到有人理直气壮地说："凭什么只抓我！"这些人的理由在一个"只"字，因为别人逃脱了，所以他们理所应该也能逃脱。但如果和美国人打交道多了，你就会发现他们的逻辑完全不是这样的，而是"不管别人是否受到处罚，现在讨论的是你的问题，你如果没有错就没事，如果有错，按照规定就该罚"。

我们在单位也会经常遇到类似的事情。比如，张三做错了一件事，你如果指出他的问题，他会说李四上次也做错了。你如果跟他争论，交流可能就进行不下去了。

还有一种情况也很常见。张三打（骂）了李四，当你要批评并处罚张三时，他会说李四先打（骂）了他。言外之意，如果不是李四先动手（动口），就不会有最后的结果。冤有头，债有主，如果用这种想法来解决问题，不断往上找原因，永远有理由。

面对这种情况时，我们应该基本上有一个共识——就事论事，先把当下的事情解决了，其他事以后再说。

有一次我在谷歌听到一名总监在批评下属，两个人吵了起来。原来，那名叫乔纳森的员工在一个开放的办公区工作，他平时说话嗓门很大，不免干扰周围的人。同事向他提意见无效，就把这事反映给了总监戴维。

根据我和乔纳森的接触，他是个智商极高、能力极强，但情商很一般的人。他常常一个人干了全组（十几个人）一半的工作，但是我行我素，喜欢强词夺理。而他的级别和戴维一样高，组里的同事也拿他没办法。

那天，戴维让乔纳森讲话轻声一点儿，乔纳森辩解道："我前几天听你讲话调门也很高。"乔纳森其实是在强词夺理，而戴维处理得很好，他只是说："你提醒得很好，如果下次你发现我讲话调门高了，请给我指出来，我一定注意。但是，今天你的调门确实高了，这件事和别人调门高不高无关，请你注意。"乔纳森无话可说，只好降低调门说话。

对比较理性的人来讲，他们通常不问做错事是否有理由，而是确定当前是否做错了事。如果错了，该怎么解决就怎么解决，至于是否是其他人造成了这个人做错事，那是另一码事，不要混在一起处理。这就是说，不能因为别人犯了错误，我们就有理由犯错误。

中国古人其实不缺乏这种智慧。往远了讲，曾子说，"吾日三省吾身"，就是说要不断反省自己的错误；往近了讲，鲁迅说过，"我的确时时刻刻解剖别人，然而更多的是无情地解剖自己"。也就是说，勿因人之短护己之短。

网上有不少人为"中国式过马路"辩解，有的人从情理上分析其合理性，有的人从经济学角度进行分析，还有人站在自己的利益上胡搅蛮缠。但是说一千道一万，这些解释都没有否认一个事实——"中国式过马路"是违规的。既然违规，就不要做。

再来看看"勿以人之短炫己之长"。你可能看过这样一则笑话：

> 某个人说自己赢了两位世界冠军，别人当然觉得他在吹牛，但他一解释其他人只能承认他所说非虚。原来，他在国际象棋上赢了网球的世界冠军，在网球上赢了国际象棋的世界冠军。于是，有人觉得这个人真聪明，以己之长克人之短。

这则笑话细想起来有点儿问题，没有人会因为他在网球上赢了国际象棋的冠军就给予他褒奖，甚至不会高看他一眼。因为，所有人喜欢看到的是更高的棋艺、更精湛的球技。

在工作中，类似这样的人并不少。很多人标榜自己是"最会写程序的产品经理""最懂产品的程序员"，但他们最后必须回答一个问题：他们是作为工程师存在的，还是作为产品经理存在的？如果是工程师，那么他们的工程技能可能只是二流水平，甚至是三流水平，做事情的能力和一流水平相差甚远，其他人不会因为他们懂得产品就自动给他们加分。如果你是管理者，是否愿意用一些"半瓶子醋"工程师？只有当他们能够在工程水平上不输给任何人，产品意识为他们的工程水平进一步加分，才变得有意义。反过来，对产品经理的要求也是如此。如果一个产品经理会写两行代码，但是没有机会让他们写，这种技能就毫无意义。我们要做的是超过他人的长处，而不是满足于超越别人的短处。

格 局

　　这一点美国人显得比较傻,捡现成便宜的本事比较差,这让他们的适应性很弱,一旦失业,必须通过培训才能在其他行业找到工作。但是另一方面,因为美国社会不认可以人之短炫己之长的"半瓶子醋"做法,才培养出很多长期浸淫在一个领域的专业人士。

2
命运的力量

无论多么强势的人都难逃命运的安排，认命其实是我们每一个人都应该有的生活态度。

可能有人会觉得，认命太消极、太迷信。恰恰相反，不认命才是迷信！所谓不认命，就是以为世界上所有事情自己都能控制，这是一种妄念，是对自己的迷信。事实上，不确定性是我们这个世界固有的特征，世界上有很多我们自己甚至整个人类都无法控制的力量。承认这一点，才是唯物主义的态度。

人贵在自知，知道自己的长处，知道自己能力的边界，在这个边界内最大化自己的收益，这是一种积极的人生态度。至于结果是好是坏，不妨泰然处之。尽人事，听天命。

尽人事，仍需听天命

美国人多少对上帝有些敬畏，即便不信教、不去教堂，也不会刻意亵渎神明，宣扬人定胜天。因此，他们做事的心态比较平和，凡事尽人事，听天命。

肯尼迪在1961年的总统就职典礼上的演讲，堪称一个多世纪以来总统就职演讲中的佳篇。他向全人类展示了一个非常美好的愿景——探索太空，治愈各种疾病，消除贫困，等等。听众在激动之余不免有疑问，这些美好的愿景真能实现吗？最后肯尼迪讲："问心无愧是我们唯一稳得的报酬。"也就是说，即便上天不保佑他，但做事尽全力之后，他也会问心无愧。最终，肯尼迪壮志未酬，没有看到阿波罗计划成功，但是他在自己的任期内尽了该尽的"人事"，也就问心无愧了。

格 局

"尽人事"的重要性不必多讲，大家都明白，但是"听天命"这件事是我们这几代中国人内心很不愿意接受的。我们不妨看看下面三个事实，就能体会这一点。

第一，对死亡的态度。在中国，只要有条件，一个人临死前家属通常都会不惜代价地抢救和延长其生命，哪怕是毫无知觉的生命。这不仅让家庭背负了很大的经济负担，也让本就不够用的医疗资源更加紧张。但如果不抢救、不延长没有知觉甚至极为痛苦的生命，家庭会背负上沉重的道德枷锁。

相比之下，大多数美国人会选择拔掉所有的管子，甚至从医院回到康复中心或者家里，使用一点儿镇痛剂，平静地走完最后一段旅程。

第二，对失败的态度。在中国，如果一个人高考没有考好，他会背负一辈子的负担。很多人到了 50 岁还和我念叨，当年差了两分没有考上重点大学。相比之下，美国人显得有点儿"没心没肺"，只要自己努力了，什么结果都接受。

美国人在进入一所二流大学后，要么在读研究生时努力进入一所好学校，要么干脆为自己的二流学校感到自豪。对于比赛的失败，他们也不会哭天喊地、要死要活，而是接受结果。对于法庭上输掉的官司，如果能上诉就上诉，如果不能上诉就坦然接受，被罚就认罚，不会拒不执行法庭的判决。

英伟达公司的 Tegra 处理器曾经是平板电脑的首选处理器，市场占有率和增长率在开始的两年都非常高。但是随着高通公司和三星公司进入这个市场，Tegra 处理器的销量在不到一年的时间里减少了一半。英伟达最初的反应是通过打官司弥补损失，但是在和专利大户高通、三星的官司中完全没有讨到便宜。英伟达的创始人黄仁勋对此没有怨天尤人，也没有抱怨法庭不公平，而是责怪自己太在意已经失去的市场，太在意官司的输赢，以至于没有及早进入人工智能领域。正是这样的反省和自责，才让英伟达把目光放到了未来，得以在人工智能芯片领域执牛耳。

第三，对成功的态度。美国人在成功后大多会感谢上帝，或者感谢命运，认为是命运的垂青使自己成功。我们中的有些人过去对上天还有所敬畏，现在连这点儿敬畏都所剩不多了，一旦成功就觉得是自己了不起。很多人可能会感谢领导，因为领导把握着自己的生杀大权。但是，不论把成功归功于自己还是归功于领导，都是把成功单纯看成出于人的因素。人的努力对成功自然重要，但大多数时候还有运气的因素。

不能接受天命的存在，就难以正确地审视自己，审视形势。在股市上，很多散户被戏称为"韭菜"，因为总是被"割"。很多人将自己的厄运归罪于市场，但是这说不通，因为所有的股票交易都是自己操作的。散户在股市上亏损的根本原因在于，把偶然的成功归结为自己努力的必然结果，把失败归咎于别人，对市场完全没有敬畏之心。于是，一次或几次小的成功必然伴随着巨大的失败，甚至是无法翻身的灭顶之灾。

为什么要听天命呢？因为世界上稍微难点儿的事情都非常复杂，超出我们的有限认知，更超出我们的控制能力。我们付出努力，无非解决了一些维度上的问题，但是还有很多维度的因素不是我们能控制的。当然，如果不尽人事，能把握的那些维度也会把握不住，自然一事无成。

我自己的成绩与我弟弟相差甚远，他高考的成绩是北京市第二名，在清华大学是规模最大的电子工程系的第一名，到斯坦福大学则是电机工程学的第一名，算是成绩不俗了。但是在美国这样一个荟萃了全世界英才的地方，比他强的人多得是。据他讲，和他同系的一名印度学生就比他聪颖多了。斯坦福大学的教授在对那名学生进行口试时，出完题问他会不会，只要他说"yes, I do"（我会做），教授二话不说，就认为他会做这道题，给他一个满分。一个人聪明到这种程度，显然不是我们普通人能比的。

我弟弟问他的导师查菲博士——世界著名的通信专家，也是DSL（数字用户线路）之父——这个印度学生是否堪称天才。查菲博士讲:"他比我教过的一个学生差远了。"我弟弟接着问:"那个学生现在怎么样了?"查菲博士不屑地讲:"现在他一事无成。"

我弟弟进一步了解才知道,那个天才因为缺乏见识,一辈子都在做那些凭空妄想的事情——这说明见识比才干更重要。

所以,承认天命的作用,我们在做人时就不会恃才傲物。但凡觉得自己了不起的人,通常都没有见过真正聪明能干的人。人只有到了人才荟萃的地方,才能体会到自己水平上的不足。

看清能力的边界

在约翰·霍普金斯大学时，我觉得我的导师库旦普教授的才智、沟通能力和知识面远非我能相比，当然他和贾里尼克教授、美国电话电报公司（AT&T）过去主管科研的拉宾纳博士相比又相差甚远。虽然我对计算机科学的理解比绝大多数从业者要深刻很多，但是在谷歌和凯茨（Randy Katz）教授[1]在同一间办公室工作了半年后，我发现他的理解力超强。可见世界上比我们有才能的人真的太多了，遇见他们，我们才知道自己的能力边界。

但是，比才能更重要的是见识，而在见识之上还有运气。库旦普教授跟我讲，一些人在国际会议上介绍他时，说他是我的导师，他感到非常高兴。我说："一来是你辅导得好，二来只是我运

---

[1] 美国工程院院士，RAID（计算机独立磁盘冗余阵列）的发明人。

气好一些，赶上了谷歌、腾讯这样的好公司而已。"如果不是因为2001年的互联网泡沫，IBM暂时把我的工作邀约延迟了半年，我根本不会想到去谷歌试一试。如果不是AT&T的工作邀约比谷歌晚发了一周，我也不会接受谷歌的邀约，这就是运气使然。但是，好运气并不能增加我们的能力，不能代替我们的努力。进入谷歌的人很多，不成功的也大有人在，因此，永远需要尽人事。

美国人做事有一个奇怪的逻辑，就是在市场上保留第二名。像英特尔、微软或思科这样具有垄断实力的企业，挤垮或者收购那些规模不大的竞争对手是一件很容易的事，但是它们并不这么做。一方面是免除反垄断的麻烦，另一方面是让不太构成威胁的对手不断倒逼自己创新，这便是见识。我父亲生前总和我讲："秦有六国，兢兢以强；六国既除，诡诡乃亡。"这个道理和英特尔等大公司保留竞争对手是一样的。在这种见识的背后，是对很多不确定性或者说命运的敬畏。很多时候，我们从能力到主动性都是有限的，在一个舒适的环境下必然懒惰，在一个没有对手的环境中必然自大，然后会一步步走向毁灭。明白自己能力的边界，对世界有一种诚惶诚恐的态度，才会有长远的发展。

认识到自己能力边界的不仅有美国人，还有很多中国的智者。

曾国藩是很多人的偶像，因为他给人的印象是一个无所不能的全才，上马能带兵，下马能治国，既能做学问，又会写文章，道德水准还高。但是曾文正公深知自身的不足之处，比如不善于带兵打仗，于是他后来干脆不上前线，不干扰前线将军的指挥，胜负都听天命。曾国藩后来回顾自己取胜的原因时讲，如果太平天国没有发生内乱，胜负很难说，这就是不迷信自己的能力。到了晚年，他精力不济，自知跟不上时代步伐，便力推学生李鸿章继承自己的衣钵为朝廷效力。知道自己不擅长什么事情，也不会因为那些事情利益大、诱惑大而勉强承受，这是智慧的表现。当然，听天命还必须尽人事，曾国藩的努力是出了名的，这点大家都知道，自不消说。不仅对自己如此要求，他对孩子也是如此。作为读"四书五经"出身的传统知识分子，曾国藩并不精通天文历法，不懂外语，他以此为耻，所以他让儿子们学习数学和外语，这是尽人事的行为。最终，他的长子曾纪泽成为著名的外交家，在与沙俄的谈判中为中国争得了巨大的利益，这是尽人事的结果。

中国古代的功臣多受朝廷忌惮，结局并不好，远的如周勃父子，近的如张廷玉。但是曾国藩能够做到全身而退，这在专制的古代社会中并不多见。其实，并不是因为曾国藩的权术高明，而是因为他的见识高，特别是懂得敬畏命运。

2015年，中国一位非常成功的投资者向我询问如何规避潜在风险，在我给他分析了形势后，他果断地花了18个月时间，重新安排所有的投资组合。两年后，当中国很多重量级的投资人陷入两年无增长的困局时，他的投资收益涨了好几倍。在投资上会操作的人比比皆是，但是有见识、真正懂得规避风险的人非常罕见，这也是我们很少能在投资领域看到常胜将军的原因。

著名哲学家康德最赞同和敬畏两种东西，一是头顶上的星空，二是心中的道德律。星空是我们不能支配的客观力量，而道德律则是我们能支配的。

这些智慧和心得并非来自某一个人，而是我在接触到大量同学、同事、师长、朋友后学到的。我在反思它们后，发现中国古代的智者不乏这样的智慧，说明世界的大道是相通的。

在哪座山唱哪山的歌

在决定人命运的因素中,时代因素占了很大比例。生在一个好的时代,生活幸福、事业有成的概率就大。著名作家格拉德威尔在《异类》一书中把这种观点发挥到了极致,他认为好的时代会给予个人更多机遇。但是他的观点还有两个需要补充的地方。

第一,即便在财富增长是大概率事件的美国第二次工业革命时期,也有很多失败的投资人,包括大文豪马克·吐温,著名科学家和发明家尼古拉·特斯拉,以及曾经的世界首富范德比尔特及其后代。这样的人还不少。

第二,不同时代有不同的杰出人物,只是他们的成就来自不同的领域。法国在拿破仑时期名将如云,数量超过了法国历史上其他时期的总和,以至历史学家都认为,即使没有拿破仑,也会出现"张破仑""李破仑"。

人的命运是由大环境和自身做事情的方法决定的。没有人能够选择自己出生的年代和地点,但是可以通过认清自己所处的时代和环境,选择做事的方法和方向。这就如同中国老话所讲,在哪座山就唱哪山的歌。

我曾分析了人类历史上各种重大发明和发现所需要的先决技术和社会条件,从中我们可以看到,那些改变世界的科技成就其实是时代的必然产物。而改变历史的科学巨匠无一不是了解了那个时代的条件,把已经准备好的先决条件凑在一起,才创造出先前没有的发明或者新知的。当然,他们的发明和发现会成为下一代人前进的基础,文明就是这样不断进步的。为了更形象地说明这一点,我们不妨看一个人类自古以来就有的梦想——飞行——是如何实现的。

像鸟类一样飞行是人类很早就有的梦想,我们能找到很多这方面的文字记载。从中国古代的风筝,到古希腊人制造的机械鸽,再到文艺复兴时期达·芬奇设计的飞行器等,都反映出人类对飞行的渴望。但是,任何不具备先决条件的尝试都是难以成功的。虽然达·芬奇在科学地研究了鸟类的飞行之后,写了《论鸟的飞行》一书,但是他设计的模拟鸟的飞行器其实根本不可能飞上天。

到了 17 世纪,意大利的科学家博雷利从生物力学的角度研究了动物肌肉、骨骼和飞行的关系。他指出，人类没有鸟类那样轻质的骨架、发达的胸肌和光滑的流线型身体，因此，人类的肌肉力量不足以像鸟类那样振动翅膀飞行。[①]博雷利的结论宣告了人类各种模仿鸟类的飞行努力都不可能成功。与此同时，人类对力学、空气的压强、浮力有了更系统的了解。于是，接下来的200年，人类在研制飞机上并没有什么进步，所有和飞行有关的成果都集中在研发各种气球上。这就是在哪座山唱哪山的歌。如果生活在那个时代的人想成为飞行家，就得去造气球，而不能造飞机。

不过，制作比空气还重、能够像鸟一样持续飞行的飞行器，依然是人类的梦想。转眼到了19世纪，力学和机械加工有了很大的进步，很多由机械驱动的交通工具被发明出来，比如水中运行的蒸汽船、地上跑的火车。在这样的新条件下，英国的乔治·凯利爵士开始了对飞行器的新一轮探索。经过一些不成功的尝试，比如仿造中国的竹蜻蜓设计直升机，模仿鸟类制造翅膀能振动的飞机，凯利爵士发现，有关飞行的理论条件都没有成熟。于是他回到原点，研究飞行所需的升力问题。

经过研究鸟类的飞行和鸟类翅膀的形状，凯利爵士认识到鸟类的翅膀不只提供动力，它特殊的形状在往前飞行时还提供了升

---

① 根据博雷利的计算，一个体重60千克的人，至少得具备1.8米宽的胸腔才能支持扇动翅膀所需要的肌肉。博雷利将他的这个研究成果写成了《鸟类的飞行》一书。见 https://archive.org/details/cu31924022832574。

力。于是，他提出通过固定机翼（而非振翼）提供飞行升力的想法，并且由此发展出空气动力学。后来，凯利爵士被誉为"空气动力学之父"。

空气动力学理论是实现飞行的先决条件，而第一个尝试用这个理论实现飞行的，依然是凯利爵士。1849年，已经76岁的凯利爵士制造了一架三翼滑翔机。他让一名10岁的小孩坐在上面，由人用绳子牵引着从山顶滑下，实现了人类历史上第一次载人滑翔飞行。4年后，即1853年，凯利爵士又制造出了可以操控的滑翔机，并成功说服一位成年人（他的马车夫）坐上滑翔机实现了滑翔飞行。这次飞行的具体时长和距离没有明确记载，但是过程可能有点儿凶险，因为这位马车夫随后就辞职不干了。

不过，关于这架滑翔机的设计和当时的一些飞行记录，凯利爵士写成了论文《改良型1853年有舵滑翔机》，并且送到了当时世界上唯一的航空学会——法国航空学会。这让100多年后（1971年）的英国空军飞行员、滑翔机爱好者皮戈特得以仿制出凯利当年的滑翔机，并成功试飞，从而证明了当年凯利爵士的理论计算和试验的真实性。

凯利爵士在流体力学理论研究和飞行试验两方面都堪称天才，他最大的不幸在于生错了时代。当时能够提供最强动力的是蒸汽机，可它太过笨重而且效率太低，根本不可能作为飞机的动力来源。因此，凯利爵士自带动力的飞行梦想注定无法实现。1857

年，已经84岁高龄的凯利爵士知道自己所剩时日不多，仍在努力设计轻质量的蒸汽机，但终无所成。但是，他又是幸运的，因为他生对了时代。他出生得足够早，以至成了空气动力学的开山祖师；他出生得足够晚，以至经典物理学的大厦已经搭建起来了。而且，内燃机很快出现了，他写在《论空中航行》一文中的空气动力学理论很快被证实。

证实凯利爵士的理论并实现他的遗愿的，是美国著名的发明家莱特兄弟，即奥维尔·莱特和威尔伯·莱特。1903年12月17日，他们实现了自带动力飞机的载人飞行。奥维尔·莱特在1912年讲过，他们的成功完全要感谢凯利这位英国绅士写下的飞行器理论。奥维尔说："乔治·凯利爵士提出的有关航空的原理可以说前无古人、后无来者，直到19世纪末，他所出版的作品毫无错误，实在是科学史上最伟大的文献。"而他的兄弟威尔伯·莱特也说："我们设计飞机的时候，完全是采用凯利爵士提出的非常精确的计算方法进行计算的。"

莱特兄弟可以算是研制飞机的先驱中最幸运的两个人。他们出生得足够早，以至飞机还没有被发明；当然，他们出生得也足够晚，不仅凯利爵士已经提出了颇为完备的飞行理论，德国发明家尼古拉斯·奥古斯特·奥托还为他们准备好了内燃机。

对于一个人来讲，生逢其时是最大的幸运。生活在今天的人，都可以算是生逢其时，不仅赶上了中国发展的最好时期，而且生活在全球没有大的战乱的环境中。无论是在国内做事,还是到海外发展,都有好的机会。这个时代,比 1870 年至 1890 年第二次工业革命时一点儿都不差。生在这个时代,就要做和这个时代相契合的事情。

东汉的许劭评价(年轻时的)曹操是"治世之能臣,乱世之奸雄"(语出《三国志》),曹操听了之后很高兴。这个评价也印证了曹操未来的道路。曹操后来赶上乱世,于是选择走奸雄的道路。可以想象,如果曹操早生 100 多年,赶上汉光武帝的年代,他可能会选择走治世能臣的道路,因为那时候当奸雄是作死。相反,在东汉末年还想当治世能臣的人,下场都不好。

几年前一位朋友找我,说他还在读高中的儿子天天钻研计算机、UI(用户界面)设计,像着了魔一样,让我开导开导他儿子。我和这位一脸稚气的年轻人见面之后,问他想做什么,他说想读麻省理工学院,然后创业。看了他做的东西之后,我对他的父母讲:"在当今这个年代创业,比以前任何年代的成功率都要高,即使它依然是失败率很高的事情。难得他小小年纪能够在计算机上钻研得这么深,不如让他随自己的意愿去发展。"两年后,他因为课外活动搞得出色,被麻省理工学院录取了。虽然他以后还有很长的路要走,但毕竟有了不错的起点。

那么,什么时候不适合创业呢?抗日战争那个时期就不适合。那时候试图实业救国的人都失败了,而投笔从戎才有前途。同理,如果现在还有人想成为拿破仑，就不合时宜了。

认清了时代，认清了环境，选择对了该做的事情，接下来能否做成，就看怎么做了。

怎样做事才能获得好运气

在同样的大环境下，每个人的命运之所以会千差万别，除了很多人走错了方向以外，还在于没有找到正确的做事方法，以至功败垂成。我们可以从莱特兄弟的故事，看出怎样做事情才能获得好运气。

在莱特兄弟的年代，世界上想成为发明飞机第一人的不止他们兄弟二人。从时间上来讲，更有希望第一个实现载人自带动力飞行的应该是德国发明家奥托·李林塔尔。他比莱特兄弟大20岁左右，开始研制飞机的时间也早几年。他研制飞机的时候，距离尼古拉斯·奥古斯特·奥托发明内燃机已经过去20多年了，而戴姆勒和本茨也已经成功地使用内燃机造出了早期的汽车。从动力条件上来看，他和几年后的莱特兄弟拥有相同的技术基础。

李林塔尔在飞机的发明上有不少贡献，他是世界上第一个多次成功完成滑翔飞行的人。但是，李林塔尔的工作方法有问题，这导致他不仅没有造出飞机，更在一次滑翔试验中丧生。李林塔尔在工作上的缺陷主要有三个。

第一，没有进行准确的理论计算。莱特兄弟后来发现，李林塔尔在计算升力时多算了60%的升力，这对滑翔飞行试验而言是一场灾难。

第二，在没有太大把握的情况下，就用载人试飞做试验是非常危险的方法。

第三，没有解决飞机的控制问题，仅靠模仿鸟类通过平衡身体控制飞行，是不切实际的做法。

李林塔尔虽然没有获得成功，但是他的事迹极大地鼓舞了莱特兄弟。莱特兄弟超越李林塔尔和同时代人的地方，不仅在技术方面，更在于工作方法。

首先，莱特兄弟非常注重飞机设计在理论上的正确性。

他们二人虽然是自学成才，但是系统地学习了空气动力学，有着扎实的理论基础，而且做事情非常严谨。例如，这对兄弟通过使用凯利爵士的空气动力学理论，校对了李林塔尔的升力计算，发现了问题并进行了修正。这只是兄弟二人做的诸多理论研究中的一个小例子。莱特兄弟对飞行理论最大的贡献在于，他们解决了飞行的控制问题。他们从中国的风筝上得到了启发，发明了控制飞机平衡和方向的控制杆和尾舵。这样，发明飞机最关键的三

2 | 命运的力量

个技术条件——升力、动力和控制——才全部具备。

其次,他们兄弟二人不做足试验,是不会上天试飞的。

如果我们处在当时莱特兄弟的位置,发现李林塔尔失败的原因后,会怎么做呢?很多人会增加60%的升力后重新试飞。莱特兄弟不是这样的,他们打造了一个风洞,模拟飞行的气流,进行了大量的试验。仅仅为了改进机翼,他们就尝试了200多种翼形,进行了上千次的测试。此外,他们对于如何控制飞机平衡、俯仰和转弯等航空操纵,进行了大量的试验。这样一来,他们设计好第一架飞机试飞时,就已经很好地解决了飞机的操控性和稳定性问题。

最后,飞行试验怎么谨慎都不为过。

很多人可能会想,既然已经在风洞中做足了试验,就应该驾驶飞机上天试飞。但莱特兄弟不是这样做的,即使试飞,他们也要先进行无人驾驶的试飞。他们不是一次性测试飞机的全部功能,而是每次只重点测试一项功能。比如为了试验飞机的转向控制,莱特兄弟在1902年进行了700～1000次的滑翔试验。仅仅对飞机上用于控制的尾舵,他们就进行了上百次试验。他们在一次又一次获得成功后,才确认彻底实现了飞行转向控制,这是飞行史上一个重要的里程碑。然后,他们才将精力集中到制造自带动力的飞机上。

正是因为有了这种谨慎的态度,莱特兄弟才获得成功,并让人类进入了飞机时代。相比莱特兄弟,和他们同时代的人在研制飞机时做的准备工作显得十分不足。在莱特兄弟发明飞机之后的10年里，世界上依然有很多发明家在发明飞机，但是依然有很多牺牲。那些令人遗憾的失败，大多不是技术本身造成的，而是工作方法导致的。很多人没有做好准备就匆匆忙忙上天试飞，最后以失败告终。这不是他们运气不好，而是"命"不好，这个"命"是由做事的指导思想和方法决定的。

做事情有专业的做法和不太专业的做法，莱特兄弟从风洞试验开始，一步步地系统验证自己的构想，这就是专业的做法。同样的条件，同样的时机，有的人把事情做成了，有的人错失良机，可见专业态度起到了决定性作用。

当然，有人觉得如果采取鼓励的方法，或许有些人能成为莱特兄弟。但我认为，他们永远成不了，因为他们不专业。有哪个造飞机的民间科学家进行了风洞试验，又有哪个想发明飞机的人系统研究了相关理论？业余的水平再高也是业余的。

很多人问我怎样才能做好投资，我认为关键是要专业。业余的人可能会投资成功几次，但是不能系统地保证稳定的回报。但凡做事都应该专业，否则，"命"就好不了。

古希腊哲人赫拉克利特讲过，"一个人不能两次跨入同一条河流"，意思是过去的时代永远不可能重来一次。但是，世界上毕竟有一些永恒的东西，比如，我们对世界的信心，在不同环境下做不同事情的原则，以及专业的做事方法。

舍得止损，才能斩断厄运

人这一辈子总会有好运气和坏运气。对绝大多数人来讲，一次好运气并不足以改变命运。但对很多人来讲，一次坏运气足以让人倒霉很长时间，造成长期心理阴影。更严重的是，这些坏运气会被放大，形成蝴蝶效应，产生雪崩式的灾难。

在加拿大不列颠哥伦比亚省西部的温哥华岛上有一座叫作维多利亚的小城，它濒临太平洋，往东和温哥华市隔海相望，往南和美国的西雅图市相呼应。它是加拿大西海岸著名的度假胜地，景色宜人。岛上有一家历史悠久的五星级酒店，名叫费尔蒙特帝后酒店（Fairmont Empress Hotel）。它不仅是当地最好的酒店，而且周边环境特别好。酒店楼下是一个有上千株玫瑰的花园，从酒店内还能看到不远处漂亮的海港。

格 局

2001年,一名加拿大男子被这家酒店列入了禁止入住的黑名单,直到17年后才获"解禁"。这位男子究竟做了什么事情呢?简单地看,就是他特别倒霉。

这个人叫尼克·伯奇尔,他出生在加拿大东部。2001年,他到加拿大西部出差,家乡人说那里有一种意大利辣味香肠(Pepperoni)——就是比萨上的薄片香肠——非常有名,托他带一些回去,伯奇尔就买了一些。在出差的旅途中,伯奇尔只能把香肠放在行李箱中。到了维多利亚,伯奇尔入住了费尔蒙特帝后酒店。因为怕香肠在箱子里捂的时间较长变质了,到了酒店后,他就把香肠从行李箱中拿出来,打开窗户晾一晾。当时正值4月,维多利亚春寒料峭。伯奇尔晾好香肠后,就出门散步了四五个小时。

等伯奇尔回到酒店房间时,他惊呆了——一大群海鸥正在他的房间里吃香肠。伯奇尔估计,房间里大约有40只海鸥,到处都是海鸥的粪便、羽毛和一块块被捣烂的香肠。由于海鸥扑扇着翅膀满屋子飞,台灯倒了,窗帘掉了。伯奇尔气得跑上去扑打海鸥,想把它们往窗外赶。有些海鸥被他赶跑了,有些却又飞回来。伯奇尔气得脱下鞋子打海鸥,还拿起酒店的浴巾往海鸥身上抽。最后还有一只海鸥扑在香肠上怎么都不肯走,伯奇尔抓起浴巾扑到它身上,裹住海鸥把它扔到窗外。

当时,酒店下面的花园里正在举行下午茶活动。宾客们看到了这样一幕：一会儿天上掉下来几只海鸥，一会儿又飞下来一只鞋，最后掉下来一条大浴巾，浴巾里飞出一只海鸥。整个下午茶活动都被搅黄了。

伯奇尔赶走海鸥后，想起自己马上要去参加一项重要的商务活动。由于只带了一双鞋，他急忙下楼找鞋。最后，他找到了扔下去的那只鞋，上面全是泥巴。伯奇尔拿着脏鞋子回到房间，把它冲洗干净。但是，湿的鞋子颜色深，没有扔下去的那只干净的鞋子颜色浅，他显然无法穿着两只颜色不一样的鞋子参加活动。

于是，伯奇尔把吹风机塞进鞋里，试图把鞋子烘干。这时，电话铃声响了。他没有关掉吹风机就去隔壁接电话，而吹风机从鞋子里滑出来掉进洗手池，导致电线短路，酒店多个房间停电。伯奇尔后来说，如果自己能冷静点，应该想到把干净的鞋子弄湿，而不是把湿的鞋子吹干。

伯奇尔因为赶时间，只好打电话给前台，让保洁人员进屋打扫。伯奇尔说："我迄今仍记得开门时那名（保洁）女士脸上的表情，而我根本不知道该跟她说什么，只好说'对不起'，然后就去参加活动了。"伯奇尔晚上回到房间时，发现已经打扫干净了，但是自己的物品不见。他跑去询问酒店，才知道行李被转移到了行李间。而酒店通知他，费尔蒙特帝后酒店不再欢迎他。

格 局

17年后，伯奇尔给酒店写了封道歉信，还给酒店人员送去了意大利辣香肠，请求和解，希望酒店把他移出不受欢迎宾客黑名单，把这17年视作他已经服的刑期。酒店乐不可支地读完信后答应了他的要求。酒店说，老员工仍记得这名客人："我们期待伯奇尔先生再次入住。"

这件事看起来像是愚人节玩笑，所以，伯奇尔在社交媒体上登出他的故事后，大家都不相信。后来，媒体从酒店方面证实了伯奇尔描述的都是事实。我第一次听到这个故事时，也以为是玩笑，查了很多英文媒体才证实确有其事。

有的人可能看过这样一个笑话：马掌上掉了一个钉子，损害了马掌，坏马掌崴了马的腿，瘸腿的马把将军摔伤了，少了将军的军队输掉了一场战役。虽然这只是一个笑话，但能说明处理不好坏运气，就会遇到一连串倒霉事，最后造成灾难。

在生活中，我们会看到很多人像伯奇尔那样不断地犯错误，而且为了弥补一个小的损失，造成了更大的损失。有的人早上起晚了，为了赶上早晨的会议，超速开车，被警察拦下，既被罚款扣分，还耽误了更多的时间。一些人考试时为了死抠一道做不出来的题，把整个考试搞砸了。就这样，原本只是局部的小问题，引发了一个个接踵而至的厄运，形成了一个厄运链。伯奇尔有四五次斩断坏运气的机会，但是他不懂得止损，总想补救，结果窟窿越补越大。

如果他直接扔掉了香肠,最坏的情况不过是被朋友乡亲责骂两句。如果发现海鸥吃掉了香肠,他能够冷静应对,承认自己的损失,他或许会叫酒店的人帮忙赶走海鸥,而不是发疯似的把东西都扔到楼下,把其他人的下午茶活动搅黄。如果他把鞋子洗干净后,接受一只颜色深、一只颜色浅的现状,就不会做用吹风机吹鞋子这种危险的事情。最后,如果他不匆匆忙忙地接电话,就不会把酒店搞得短路断电。

类似地,如果起晚的人懂得止损,就不会开快车赶时间,也就不至于被警察拦下;考试的时候懂得止损,最多丢一道题的分,不至于毁掉整个考试。

怎样才能斩断厄运链呢?方法很简单,只要记住"止损"和"认命"这4个字就可以了。

对命运要常怀敬畏之心

遇到任何倒霉的事情，一定要认命，不要总想着挽回损失，这样损失就会被限制在局部。很多人总是抱着"堤内损失堤外补"的心理，最后损失得越来越多。

比如，有的人不小心买了一只下跌的股票，这个损失原本是有限的。但是很多人想：我再多买点儿，把平均成本降下来，将来稍微一涨，不就把损失全捞回来了吗？可是接下来，股价可能进一步下跌，这些人的钱就都被套进去了。但他们依然想着弥补损失，就加杠杆继续购买，最后被清仓出场，一辈子的积蓄全部付之东流，甚至背上一屁股债。我们只要环顾周围，这种人并不少见。

在历史上，很多大人物也难免因为舍不得止损，不肯认命，最后遇到灭顶之灾。

2 | 命运的力量

淮海战役前，国共双方都没想到国民党部队的主力就这样全部被"包饺子"了。国民党败退台湾后总结，当初为了救44军一个军，搭上了黄百韬一个兵团；为了救黄百韬一个兵团，把黄维一支完整而有战斗力的兵团赔进去了；为了救黄维，又把杜（聿明）、邱（清泉）、孙（元良）的三个兵团赔进去了；最后，为了救杜聿明等人，李（延年）、刘（汝明）的两个兵团又被打残了。几个月的时间，国民党就失去了整个长江以北的地区。当然，国民党失败有很多原因，但是出现这样雪崩式的落败和舍不得止损有很大关系。

很多人不肯认命，不肯止损，其实是因为骨子里太高估自己——不仅高估自己的能力，而且高估自己的地位和作用。高估自己的能力，才会觉得有翻盘的可能；高估自己的地位和作用，才觉得什么都该是自己的，什么都不能少。

如果认识到自己只是一个普通人，自己的那点儿所得不过是上天的恩赐，得到了固然可喜，得不到也在情理之中，就愿意割舍，也就不会造成更大的损失。

人不会总有好运气，也不会永远走背运，但是不好的心态会让背运不断被放大。很多时候，心态决定命运。遇到背运时不慌乱，把损失限制在局部，避免雪崩式灾难，是智慧的体现。而愿意止损、愿意认命的背后，体现的是我们对自己的自知，对命运的敬畏。

如何跳出定式思维

很多单位开重要会议时要离开单位所在地,到一个度假胜地去,而且以非正式的方式开会。这倒不完全是为了公款消费,而是在休息的状态下大家容易重新审视自己的行为。人在一个环境中待久了,难免产生思维定式。为什么会这样呢?

因为在同一个环境中,人类的活动具有连续性,昨天发生的事情和今天发生的差不了太多,因此前天、昨天的经验可以用于今天。久而久之,人的大脑中就形成了一些起基础性作用的认知要素和方法论,包括知识、经验、观念、做事方法。由于它们的作用时效比较长,作用范围广,因此即使每天遇到的事情不同,思维定式也不那么容易摆脱。甚至对一些人而言,外界环境完全变化了,他们的思维定式依然存在。王阳明讲的"破山中贼易,破心中贼难",辜鸿铭说的"剪得掉头上的辫子,剪不掉心中的辫子",都是这个道理。

定式思维是思考的基础,不应该一概否定。婴儿没有定式思维,是因为他们不能思考。但是,当一个人由于思维定式陷入窘境时,它的害处就会超过它的益处,这通常发生在变化不连续,或者虽然连续,但方向和之前相反的情况下。为了便于大家理解,我用图 2-1 来表示三种不同的情况。

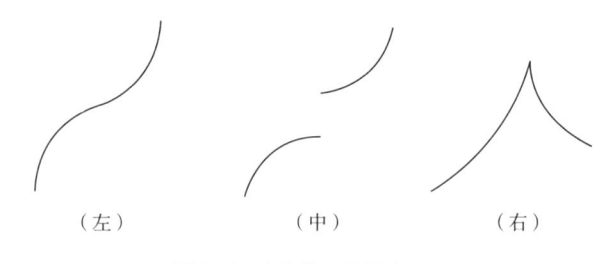

（左）　　　（中）　　　（右）

图 2-1　变化的三种形态

左图的形态是常态,定式思维在这个环境下没有问题。比如,福特 T 型车在诞生之初供不应求,工厂只要提高生产效率、降低成本就够了。因此,所有的改进都沿着这个思路进行,就形成了定式思维。

中间的形态是不连续变化的情况。大帆船被蒸汽船取代,马车被汽车取代,就是不连续的变化。过去造马车讲究舒适性、豪华性,现在都变得不合时宜了。这时需要做的是停下来想一想,而不是沿着过去的思路把事情做好。和瓦特一同对改进蒸汽机做出巨大贡献的马修·博尔顿,就是通过工作之余的交流和思考完成了跳跃性转变的。

　　博尔顿原来是一家五金厂的工厂主,在机械革命的时代,这种生意会渐渐落伍。幸运的是,博尔顿加入了月光社,结识了瓦特、老达尔文(查尔斯·达尔文的爷爷)、后来的瓷器大王韦奇伍德、发现氧气助燃原理的普利斯特里等当时的科技精英。每到月明的夜晚他们就在伯明翰聚会,讨论的事情当然和他的五金生意无关。就是在那些自由聊天的过程中,博尔顿了解到瓦特正在发明万用蒸汽机,并看到了它对未来工业可以产生的巨大影响。于是,他毅然卖掉了所有的产业,帮助瓦特造出了新一代蒸汽机。当然,他和瓦特都因此获得了巨大的财富。如果博尔顿每天十几个小时都把注意力放在五金店生意上,最后的路一定会越走越窄。

右边的形态显示的是一种逆向变化过程,这个过程虽然连续,但是过去的定式思维不再起作用。很多人会疑惑,某个方法自己用了十几年都没问题,为什么现在力不从心了?因为趋势开始逆向变化了。图 2-2 是 10 多年来全球数码相机的出货量。从 2010 年开始,该产品销量陡降,虽然在之前短短的几年里销量翻了近一番。在当今快速变化的世界,这种快速的逆向变化并不少见。

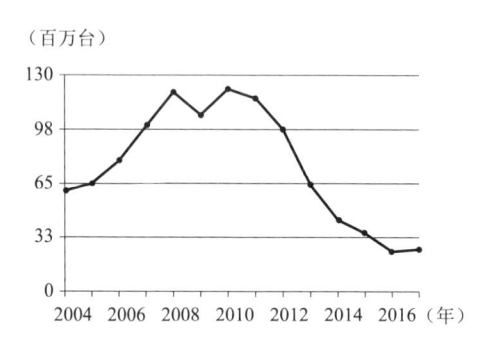

图 2-2　全球数码相机出货量

面对这种变化，最好的办法不是加倍努力，那只会离目标越来越远，而是应该停下脚步思考。很多企业在度假地开战略会议，就是要强迫大家在一个放松的环境下彻底忘记当前的工作，跳出圈子，重新审视公司的业务。

当然，不是每个人都会遇到那么多重要的抉择时刻，但是陷入困境无法自拔的经历很多人都有。这时候，跳出定式思维的最好办法就是放下手中的工作，休息休息。

3
生活的节奏

生活中最重要的是掌握好节奏。人在忙碌的时候，很容易忘掉忙碌的目的，最后反而离目标越来越远。从忙乱中退一步，思考一下目的，能省掉多余的需求和行动，减少不必要的麻烦，让我们更快地接近目标。在诸多目标中，终极目标当属生活本身。

要思考，就需要慢下来

现代人都觉得自己特别忙，尤其是中国人，从成年人到小孩子无不如此。

成年人自有忙的道理：单身的年轻人事业还没有发展起来，还要在各方压力下解决婚姻问题；为人父母者不仅要还房贷、努力晋升，还要让孩子站在更好的起跑线上。孩子忙更有理由——少壮不努力，老大徒伤悲，他们从小就被告知现在忙是为了以后闲，但是等待他们的未来几十年其实更忙。

忙碌之后是否有结果，没有人知道。虽然从总体来看，"忙碌族"似乎比"清闲族"混得好一些，但是大多数人的付出和所得绝不成正比。其实，方法和效率远比忙碌重要，有时候慢下来、静下心来，反而能获得更大的收益。

格局

几年前,我的大女儿为了在美国申请大学,准备SAT考试。SAT是由第三方教育机构为申请美国大学的学生设置的一种标准考试,它全面考察学生的阅读、写作和数学水平,因此有人将它比作中国的高考。虽然这个成绩只是用来做参考,但由于美国好大学在招生时都采用平权法案,亚裔学生如果不考出满分,很难被顶级大学的招生官注意到。SAT的难度远不如中国的高考,但是想考满分却不大容易,毕竟做到完美总是很难的。以我女儿的水平,其实没有她做不出来的题,但是准备了一个月,每次模拟考试她还是会做错几道题,尤其是看似非常简单的数学也难免粗心犯错。这种情况可能很多学生都经历过:每次考试总有几分丢在自己明明会做却做错的题目上,有些人最终因为差了几分而懊恼多年。

眼见离考试只剩一个星期了,她不知道该怎么改进,因为考试并不是想着小心谨慎就能做到万无一失的。人们在这种情况下通常只能听天由命,但在听天命之前,还是要把人事尽到的。

我问了她模拟考试时做题的情况,又看了她做错的题,似乎大部分错误都和做题太着急有关。一些错误是没有把题目理解透彻造成的,但模拟考试的时间足够她理解题目。这种问题的解决办法很简单,我告诉她,读完一道题后,等5秒钟(从1数到5)再开始做。她按照我的方法又做了一次模拟考试题，居然全对了。正式考试时她就采用了这种策略，如愿以偿地得了满分。这5秒钟看似浪费时间，其实让她有机会重新思考题目，避免许多不必要的错误。

很多时候，我们做不好事情，是因为我们太匆忙、太着急，以至犯了太多原本可以避免的错误。当我们慢下来，重新审视自己的想法时，可以更正很多明显的错误。

在我接触过的几十个国家的人中，中国人是相对急躁的，这可能和当下的社会环境有关。在过去的40年里，中国实现了长期高速的经济增长，这是人类历史上的一个奇迹。在这样的环境中，忙碌自然成了主旋律。在很多人看来，忙碌才是自己社会价值的体现，而"不忙"等于不上进，见人都有点儿不好意思，几乎人人都会眉飞色舞、略有自得地介绍自己是如何忙碌的。但是，忙完一圈，人们除了物质生活得到满足之外，其他方面是否比过去更好了呢？真不好说。当然，很多人太忙了，以至没有时间考虑这个问题。

回顾人类的历史不难发现，忙和生活好有时未必正相关。按照《人类简史》一书的介绍，人类曾经逍遥自在地生活了许多万年。在进入农业社会之前，人类并不忙，小时候无忧无虑，漫山遍野地玩耍，长大后虽然要打猎、放牧，但大部分时间是在晒太阳、做游戏、吃吃喝喝和打情骂俏。只要没遇到瘟疫等事件，人类能快快乐乐地生活到60岁。到了农业社会，人类为了糊口不得不面朝黄土背朝天地忙碌一辈子，虽然很忙碌，但生产出来的物质财富常常不够吃穿。

人类解决温饱问题是在工业革命之后。劳动生产率的极大提升让人类终于不必为温饱发愁，个人拥有的物质财富得到极大的丰富。那么，生活应该悠闲了吧？不，自由自在的日子反而终结了，人们在月光下围坐在篝火边跳舞、享受美食和浪漫的时光渐渐变成了历史。单纯从GDP（国内生产总值）上看，现在的中国比北宋时富裕多了，可现在的人们还在为住房发愁，而北宋时武大郎住的却是有独家小院两层楼的"联排别墅"——虽然武大郎所在的清河县只能算三线城市，但对一个挑扁担卖炊饼的人来说已经很不错了。按照《东京梦华录》中的记载，北宋时汴梁生活水平之高，文化娱乐之丰富，不亚于今天的一线城市。在春节、元宵节和中秋节，汴梁城里有通宵达旦的灯会庆祝活动。因此，上千年的技术进步虽然让我们用上了过去没有的东西，但是并没有给我们带来太多的闲暇。

在地球上，可能只有人类是唯一不停工作的动物。因此，有人认为，人类所谓的文明进程，其实是付出了无休止劳碌的代价，才得到一个物质日渐丰富的社会的；除此之外，很难说我们是不是富翁。为了活得轻松一点儿，人类发明了很多机器，让它们帮助我们做事情。但每一次重大科技进步的结果总是财富进一步向少数人集中，大部分人的生活压力更大了。马克思把这种现象称为机器的异化（或者叫"劳动异化"的第一个层次），即原本应该成为机器主人的我们，最后成了机器的依附者。

当忙碌成为生活主旋律，却不能让我们找到出路时，我们是否应该从另一个角度思考当下的困境：为什么有的人成了机器的主人，而有的人（可能包括我们自己）却成了机器的奴隶？要思考，就需要慢下来，审视自己所做的事情。其实，很多事情，我们连做它们的目的都没有想清楚，就在世俗力量的驱赶下随着奔涌不停的人潮匆匆去做了。在这个过程中，物欲与权力让我们进一步加速行走。虽然越走越快、越走越远，每一步似乎都有目标，但是停下脚步一看，自己回到了原点。这就如同在SAT考试中，题目还没有看清楚，还没有理解，就匆匆开始做题，生怕做不完。实际上，我们绝大部分人在工作这个"考试"中缺的不是时间，而是思考和效率。那些每天在手机上花掉2小时，5分钟就低一次头的人，以及经常能够抢到几元钱红包的人，是没有资格说时间紧的。

怎样能生活得更好，工作得更有成效？我的做法就是慢下来。黎巴嫩诗人纪伯伦曾经感叹："我们已经走得太远，以至忘记了为什么出发。"想起出发目的最简单的办法，就是在做事之前抬头看看纯净的天空，沉静下来听听内心的声音。

我经常提醒自己，凡事要慢三拍。有时候周围的人让我做决定，我会说："我现在脑子不工作，让我明天再回答你。"因为我不想太匆忙做决定。事实上，第二天我有足够的时间仔细倾听。慢慢做出的决定，和匆匆忙忙做出的决定常常是不同的，当然也是更好的。

人不在于开始了多少件事，而在于完美地结束了多少件事。很多人做的一大半事情是有头无尾或匆匆结尾的。喜欢多做事，多少和人贪心的本性有关。一个人想做到淡泊名利、清心寡欲是很难的，得有些不寻常的本事才行。我很佩服圣方济各[①]，他有高尚博爱的胸怀，能够视世俗功名如无物，可以心安理得地过俭朴健康的生活。

我自知做不到像圣方济各那样清心寡欲地去生活，因此从不建议任何人那么做，毕竟我们不是圣徒。但是，我们可以像他那样，从大自然、从生活本身寻求无穷的乐趣，而不是匆匆过完一生。当我们做事慢一点，少走点弯路，多花点时间享受浪漫时，我们便能使自己时不时地沉浸在奇思妙想的长河中，畅游在人类知识和艺术的海洋里。这一点，我们还是能做到的。

《旧约全书》中的《诗篇》第46章第10节上写道："你们要休息，要知道我是神！"既然我们不是神，何不休息休息，不要那么匆忙，走出越穷越忙、越忙越穷的怪圈。

[①] 旧金山市的名字"圣弗朗西斯科"就是以他的名字命名的。

不要成为积极的废人

很多人说：“我这么努力，为什么还是不行？”实际上，上天不会亏待一个真正努力的人，但也不会同情假勤奋的人。

我在谷歌和腾讯参与分析了绩效平平的员工，又结合一些职业管理培训专家的经历，发现特别忙但是绩效差的人，除了是伪工作者[①]之外，通常还有三个毛病。

干了太多不该干的事情

我有一位女同事，她是十足的"工作狂"。有同事请求她帮忙，她总是一口答应，不惜耗费一整天时间。结果，下班

---
① 关于什么是"伪工作者"，《见识》一书中有详细的描述。

格 局

时发现必须要做的事情还没有做完,她只能加班加点地赶工。日子久了,她成了单位里早来晚走的"劳模",但是因为要完成的任务总是拖到最后一刻才交,她的绩效并不好。

她曾经和我们诉苦,我们让她推掉不该做的事情,但她早已习惯成自然,即便改正了一两天,老毛病也会很快再犯。她到单位的时间比很多人早,但是其他人用不了几年时间就在职级上超过了她。

我讲过的伪工作者好歹会做本职工作,但像这位女同事一样瞎忙的人,往往分不清什么事该做、什么事不该做,焦头烂额在所难免。

这里我还要专门把"亲朋好友托付的事情"单拎出来说一说。因为很多人平时做事是有原则、有一定判断力的,如果是陌生人提出不合理要求,他们未必会因此耽误自己的时间,但如果是亲朋好友找上门来,原则就没有了。

我对亲朋好友提出的请求,通常用两个尺度判断帮还是不帮。第一,不帮违反原则的忙,以及自己帮不上的忙。后一种情况下要第一时间告诉对方,以免对方有不合理的期望,反而耽误了事情。第二,分清哪些问题应该由他们自己解决,哪些需要我帮忙解决。对于前者,我通常会客气、坚决地回绝。比如,我过去经常往返于中美之间,朋友又多,总有人托我带东西。我会严格区分哪些东西可以带，哪些东西直接拒绝带。iPhone（苹果手机）刚上市，中国买不到，有人托我带一个，我会答应。一来 iPhone 体积小，携带方便；二来它的价格较高，带一次值得；三来手机两三年才换一部，不会需要我经常带。但是有些人托我给国内的亲朋好友带美国大杏仁、尿不湿或者奶粉，我就拒绝了。一磅（约 0.45 千克）杏仁才能省几美元，奶粉和尿不湿是消耗品，带起来没完没了，更何况两边交接东西都要花时间。因此，这类忙我一律拒绝帮。我希望我给对方带去的是更大的价值，而不是成为搬运工。

有些读者给我留言，说他们在单位里对同事有求必应，于是很多同事占他们的便宜，凡事找他们帮忙，以致自己的工作没做好，领导也不满意。我如果是他们的领导也会不满意，因为在单位里，一个人首要做好自己的本职工作，而不是到处帮别人忙。分不清哪些事情该做好，哪些事情不能做，难免会陷入"越穷越忙，越忙越穷"的怪圈。我们要做一个有用的人，而不是一个"好好先生"。

喜欢同时做很多事情

很多人喜欢同时做很多事情，这种做事方法在英语里有个词叫作 multitasking，即多任务同时处理，非常精辟形象。计算机由于计算功能强大，通信的带宽比较宽，可以多任务并行处理。但是对于人来讲，说得通俗点儿，多任务并行就是一心多用。

在我从研究人员转变为投资人，还出版了一些书之后，很多人问我是如何做到多任务并行的，又是如何实现跨界的。说实话，我在同一时间只能做一件事，也就是说，我的工作状态是单任务的，不是多任务的。我在年轻的时候曾想通过多任务的方式多做几件事，结果是一件事都做不好，时间一长，我总是在低水平上兜圈子。根据我的观察，绝大部分人不具有多任务处理事情的能力。美国麻省理工学院曾做过一项研究，表明人脑同步思考的能力其实非常有限。2009年的《麻省理工科技评论》（*MIT Technology Review*）中有一篇文章写道，人脑的带宽只有区区60比特/秒，是（那个年代）上网带宽的十万分之一。我看到的对于人脑带宽最高的估计，不过每秒上千比特。照这个速度传一幅手机图片，大约需要一小时。由于生理上的局限，人在某一时刻只能接收、保留和处理少量的信息。如果一心多用，不仅不能多做事情，反而会因为来回切换任务而降低工作效率，还容易导致错误不断。

古希腊德尔斐的阿波罗神庙上刻着一句话："认识你自己。"这是给所有前去求神谕的人看的。认识自己这件事说起来容易，做起来难，因为大脑会欺骗我们，让我们以为自己可以做得更多。在了解自己真实的能力之前，人的潜意识总认为自己能行，不仅有潜力，还能挤压时间同时处理很多任务，但这只是一厢情愿。

当脑子里的任务积压过度，一开始可能只是出现一些小错误，不会造成太大的麻烦。但是，当有限的脑力跟不上一心多用的野心，任务积压得越来越多时，大问题就会集中爆发。

德国飞机涡轮机的发明者帕布斯·海恩提出了一个关于航空界安全飞行的法则——海恩法则。

海恩发现，每一起严重事故的背后，都有大约 30 起轻微事故和 300 起未遂事故，以及上千个事故隐患。很多时候我们没有出现大问题，并不表示那种做法就是安全的。比如，一边开车一边发微信，每一次都是上千起事故隐患中的一次；被别人按了喇叭，就已经上升到未遂事故了；如果还不注意，早晚会被警察扣下，或者发生交通事故。

如果一个人在学习和工作中总是小错不断，无论成绩还是绩效都好不了。

迷信所谓的速成

很多人喜欢用微观经济学的视角审视自己所做事情的价值，总想着付出最少而得到最多。其实，世界是非常公平的。极端不公平的交易即便没有消失，现在也非常少了，而且存在的时间很短。因为一旦存在，很快就会被人找到，参与的人多了，回报就会马上下降。

不少人问我学什么专业未来收入高，工作还不会太辛苦。大家其实不妨反问一下自己,是否存在这样的好专业。辛苦且回报低的专业能找到,但是轻松而回报高的专业几乎不存在。抱着取巧心理的人,不是在和同龄人竞争,而是在挑战经济学的基本原理,挑战市场的有效性,或者说是在和上帝竞争。

对速成的崇拜也是"瞎忙族"的一大特点。他们相信自己能找到别人找不到的捷径,而不是沉住气慢慢提升自己。这样做的结果常常是狗熊掰玉米。比如,有的人想学好英语口语,先去报口语速成班,然后采用所谓的轻松学习App(应用程序)。事实上,功夫没下够,用什么方法都是在浪费时间。

我有一个同学极具语言天赋,英语、德语、西班牙语样样精通。我问她学语言有什么秘诀,她说其实就是有耐心。我的另一个朋友想练习英语口语,却又不愿意吃苦。刚开始采用的方法是看美剧,效果不好后,她就去听美国之音和BBC(英国广播公司)节目。最后时间花了不少,说出来的英语别人却听不懂。我告诉她,美国之音和BBC的口音存在巨大差异,而像《老友记》这样的生活片里的发音,和新闻播音腔截然不同。将三者混在一起,效果可想而知。她挑的学习方式都是相对轻松的,在她看来是捷径。其实,只要确定一个学习目标,长期坚持,就会有不一样的结果。

要解决上述三个问题,说难也难,说容易也容易。说难,是因为人的本性难移。一些读者读完我的书,抱怨书中没有让他们一用就灵验的抓手,这其实还是抱着想走捷径的想法。如果真有不需要努力的捷径,所有人都能学会,这个捷径带来的优势一定不具有稀缺性,也就不能称其为优势了。说容易,其实只要把做事的节奏慢下来,先动脑,再动手,把可做可不做的事情从任务清单上删除;在做事的过程中按部就班地把事情做好,不要开了很多头却不结尾;做完事情,审视一下自己的得失,评估一下效果,以备将来参考。这样,效率自然能提高,收益也能随之而来。

走出"越穷越忙,越忙越穷"的怪圈

打高尔夫球的人会看到这样一种现象,有的人第一球没有打好,就想第二球超水平发挥,追上一些距离。在这种急切心理的作用下,动作常常变形,第二球也打不好,于是陷入一种可怕的"厄运链",永远走不出去。其实,走出厄运的办法很简单,就是打坏了一个球之后,承认现实,慢下来,下一球该怎样打还怎样打。这样就斩断了厄运链,把坏事的影响限制在局部,不让它扩散。

陷入"越穷越忙,越忙越穷"怪圈的人,要做的就是斩断厄运链。走出这个怪圈的第一步是要慢下来,以免自己不知不觉地成为积极的废人或者伪工作者。在慢下来之后,审视一下自己,找出自己忙碌的原因,这是走出上述怪圈的第二步。越是落在别人后面,就越想通过并行处理来多做点事情,结果错误百出,和别人的差距越来越大。这时候,不妨停下来,想一想,做减法,把各种不必要的事情从清单上删除,而不是花更多时间在低回报的道路上狂奔,那样只会让人生失控。

承认自己过去用的方法不得当,过于贪婪,需要有一种开放的心态。很多人能够走出"越穷越忙,越忙越穷"的怪圈,是因为他们愿意反省自己的得失,接受新的思维方式。但是,对另一些人而言,这是很难做到的事情。我们通常觉得老年人保守,不愿意接受新的东西,更不愿意尝试新的东西,但是很多年轻人也是如此,他们是"年轻的老人"。

这些人在遇到一个和自己过去长期接受的观念不同的概念时,第一反应不是思考,不是花时间搞清楚新概念,而是陷入惯性思维的泥潭无法自拔。比如,很多人一旦形成自己的观点,就会对符合自己观念的想法坚信不疑;遇到一些和已有认知不同的想法时,就会本能地反驳。我们从各种社交网络的留言中经常能找到这样的人,他们的反驳并没有逻辑,只是和对方的观点不一样而已。甚至有些人在陷入"越穷越忙,越忙越穷"的怪圈后,听不得成功者的经验,反而倾向于求助认知水平和自己相当的人,或许这样能让他们不自卑吧。

我们会习惯一种思维,是因为它不仅让我们舒服,而且显得我们很正确。我们在不得不接受别人的新思维时,至少要在心里否认自己一次,这是很多人不愿意去做的。很多人觉得,"我没有变瘦,一定是吃得还不够少""我每天加班却还没有升职加薪,一定是不够努力，所以一定要熬夜加班"。如果告诉他们原因是努力的方向错了，他们会想都不想就反驳："我努力加班都挣不多，少做事情岂不挣得更少？"他们不会考虑，合理饮食加上适当运动比一味少吃更有利于减肥，早睡早起、提高工作方法和效率才是更好完成任务的途径。很多人不愿意接受新东西、改变旧习惯，仅仅是因为他们已经习惯了一种生活和工作方式，满足于低成就的快感。用一句流行语形容，就是用战术上的勤奋掩盖战略上的懒惰。而我们都知道，如果方向错了，越努力离目标越远。

当遇到困境时，我们首先应该慢下来，斩断厄运链。然后重新审视目标，做减法，讲究效果，这样走出"越穷越忙，越忙越穷"的怪圈就不是难事了。

懂得休息，才能更好地生活

工作的意义我们都清楚，除了工作，我们还能做点儿什么呢？应该先好好休息，有意义地休息，不懂得休息的人其实不懂得工作和学习。

人们往往觉得自己很忙，没有闲暇时间好好休息，度一个长假更是奢望。很多人即使下了班，依然无法放下手中的工作，觉得如果有什么事情自己没有在第一时间做出反应，就会失去很多机会。这种敬业精神固然可贵，不过一个人的神经如果一直绷得那么紧，不仅自己早晚会吃不消，而且未必能得到想要的结果。

其实，世界上没有任何一个人重要到什么事情缺了他就不能运转了。绝大多数人每日做的那些看似必须做的事情，都是可有可无的。每年年底，我们如果总结一下在过去一年花了大量时间和精力做的主要事情，就会发现其实很多事情没必要做，还有一些事情虽然需要做，但是没有产生想要的结果。想清楚这一点，就可以放下负担去休假。

关于休息的好处，大家首先会想到劳逸结合、提高效率，或者保持好身体，健康长寿。生理学家做过一个试验，让一组身强力壮的青年搬运工人往货轮上装生铁，连续干 4 小时，结果工人只能勉强装 12.5 吨；一天后，让同样的人每干 26 分钟就休息 4 分钟，同样是 4 小时，最后装了 47 吨，劳动效率提高了 2.7 倍还多。这正应验了磨刀不误砍柴工的道理。

但是，休息的意义远不止这些。

在美国的大学里，教授都有学术假期。每过 7～10 年，大学就允许教授全薪休假半年，或者半薪休假一年，甚至在有特殊需求的情况下，允许教授第二年无薪休假。其间，教授可以去访学、做顾问、周游世界，也可以在家里什么事情都不干。为什么要给教授放这么长时间的假呢？因为这是教授出去开阔眼界的好机会，并且最终会回馈大学。通常，那些教授会选择去游学、到公司做顾问或者写书，由于没有工作压力，这段时间常常是他们研究水平实现跨越的转折点，因为半年甚至更长的闲暇让他们眼界大开。谷歌以前也给研究人员这样的学术休假机会，只是后来公司太大了，才把这个福利取消。但是，自己给自己放假，并且善用假期，对开阔眼界是有莫大帮助的。

写到这里，其实引出了一个新的问题，那就是怎样休息。休息分为两种，一种是被动的，比如睡觉、嗑瓜子儿、看电视，或者到歌厅去娱乐。这样的休息是必需的，短时间内可以让人充电，但是，时间长了人就不容易提起精神。比如，觉得越睡越困就是这个原因。很多人觉得，我太忙了，没时间休息，其实这些人在一定程度上对休息有误解，把休息等同于各种被动休息了。

还有一种休息是主动的，比如做运动、旅行或者游学。每个人的兴趣爱好不同，身体状态不同，适合的休息方式也不同。不管怎样休息，只要能够帮助自己恢复精力，重拾自信心，更重要的是能让自己从原先封闭的系统走出来，就是好的休息。

休息的本质是从外界获得信息和能量。无论是在热力学中，还是在信息论中，任何不与外界沟通的封闭系统都是向着熵增加的方向发展的，也就是说变得越来越无序。而破局的关键就是打破封闭系统，引入负熵。在热力学中，我们可以将负熵理解为能量；在信息论中，可以将它理解为信息。无论哪一种，都要先走出封闭的圈子。历史上很多大艺术家的灵感来自换一个环境，去体验自己以前想不到的事情。比如高更在大溪地的经历让他创作出不朽的名画《我们从哪里来？我们是谁？我们到哪里去？》（*Where Do We Come from? What Are We? Where Are We Going*？）。

懂得休息，才能更好地享受生活。利用休息时间，与各种人交往，则是幸福的重要来源之一。这样不仅可以消除日常工作产生的疲惫，增加自己的幸福感，还能促使工作更有成效。

一生要做的5件事

如果问我一生必须做的事情是什么，到目前为止，根据我的经历和认知水平，我觉得有这样5件事。

第一件事：恋爱，结婚，生子

恋爱、结婚、生养后代是人的本能，原本不是一件难事，但是当我们欢呼文明进步的时候，这些事反而成了很多人的难题。现在，很多年轻人到了30岁还没有认真恋爱过，更不要说那些忙于学业的大学生了，他们根本没有心思认真考虑这个问题。日本已经进入一个让人难以想象的无性欲社会。根据日本国立社会保障与人口问题研究所的调查报告，有36%的男性和39%的女性到了34岁还没有性经验，这和很多人想象的成人艺术文化发达的日本完全是两个样子。

格　局

中国虽然还没有达到日本社会的程度，但是一些一线城市已经有了这种趋势。很多人沉溺于虚拟世界，为所谓的二次元文化辩护，并且用多种方式证明这是不可阻挡的未来趋势，或者说现实生活越来越不重要。但是在我看来，真正的成功者，真正有幸福生活的人，应该在现实生活中获得成功，获得最真实和最丰富的生活。因此，我多次建议大学生在学校时要认认真真地谈一次恋爱，享受爱情，因为这是人成长必要的经历。

当然，有一些人会说自己工作忙，没时间恋爱、结婚，更没有精力和财力养孩子。站在人一生的时间跨度和整个社会的范围来看，绝大多数人的工作没有他们想的那么重要，更不能和生活相比。世界上绝大部分事情没有张三去做，自然有李四做，李四甚至会做得更好。但是，每一个人的具体生活是独一无二的，既不能由别人代替，也不可能等以后有时间再补上。很多人觉得以后有的是时间，其实等于永远没有时间。

2003年，我的第二个孩子出生了。根据加州劳动法的规定，我有大约一个月的产假。但是当时公司还很小，每个人的事情又很多，我在家忙了一周后，有一天，家里没有事我就回到公司，想做一点儿工作。我的美国同事都让我回家歇着，他们对我讲，工作的时间有的是，生孩子的事情一辈子就几次——这就是他们的家庭观。很多人觉得美国人家庭观念没有中国人重,其实在美国生活久了就会发现,那里中产阶层以上家庭的家庭观念不比中国人淡薄,只是他们有不同的表达方式罢了。后来我在国内工作,遇到下属有结婚生子或者其他家庭大事,总是让他们放下工作去休假。我告诉他们不用担心工作,公司不会因为少一个人来上班就关门了,此刻家庭比工作更重要。一些主管问我是否对下属要求太松了,我总是说,不解决生活的后顾之忧,他们是不可能长期做好工作的。

我并不信什么宗教,但是对上帝充满敬畏。既然上帝把人分为男人和女人,让男人和女人相识相爱,这就是宇宙的大道,也是人间最美妙的事情。同样,结婚生子也是上天赋予人的权利和幸福的根本。从恋爱到结婚,再到养育后代,是人自然属性的结果。我们不是上帝,就不要违背这个自然规律了。

很多人只愿意享受恋爱乐趣,却不愿意尽婚姻的义务,觉得那是一种负担。其实,光恋爱不结婚是不够的,结了婚才能得到恋爱得不到的幸福。

我经常坐邮轮旅行,在邮轮上总能遇到很多金婚甚至钻石婚的老夫妇。我在赞叹他们健康长寿之余,和他们聊一聊后就会发现,婚姻是他们长寿的重要原因之一。

有了婚姻,通常会有孩子。很多年轻人在有孩子之前嫌烦。

我自己多少也是如此，但有了孩子后，我发现自己获得了想象不到的快乐。中国人喜欢把孩子当作自己的私有财产，西方人则会将他们视为上帝赐给自己的礼物。既然是私产，就会随心所欲地处置；如果是上帝的礼物，则要呵护和尊重——这在心态上会略有差别。我是在美国抚养孩子的，或许受到西方文化的影响更多些，我更多的是享受她们成长的过程，而不是要求她们成为什么样的人。当享受孩子的成长过程时，我们就能由衷地感到幸福。

第二件事：尝试做一次自己喜欢的事情

当下的人为了生存，常常不得不根据薪水的多少和行业的热门程度来决定自己该做什么事情。只有很少人做的工作是自己非常喜欢的。但是，人一辈子至少应该尝试做一次自己喜欢的事情。

这倒不是说每个人都要辞职创业，我仅仅是建议大家尝试一下，特别是在年轻、失败的成本不是很高的时候。

上帝给每个人很多天赋，但是很多时候我们并不知道。

我的小女儿过去从来没有找到自己感兴趣的事情，我的天赋在她身上根本看不到，姐姐喜欢的事情她也不喜欢。她在学校里尝试了不少集体活动，但都中途退出了，在合唱队里唱歌时，她连嘴都懒得张。

后来一个偶然的机会，一位声乐老师说她有声乐天赋。刚开始我和她妈妈都有点儿不相信，后来让老师教了她一点儿歌剧的唱段，发现她果然有天赋。之后，她自己喜欢上了这项活动，从此认认真真学习唱歌剧。在不到三年的时间里，她已经4次被卡内基音乐厅和林肯艺术中心邀请登台演出。

　　当然，我很理解大部分人因为生活压力，未必能从事自己喜欢的职业，但是至少要有一项兴趣爱好。很多人问我为什么要写《具体生活》这本书，它的主题和我过去写的书完全没有交集。我一直觉得我们要做有趣味的人，而不只是一个工作和赚钱的机器。有趣从兴趣开始，《具体生活》这本书其实讲述了我的兴趣养成过程。

　　此外，兴趣不仅仅是让自己喜悦，还能提升自我，因为在把自己的兴趣爱好提升到极致的过程中，能够让自己得到升华。没有兴趣的人，或多或少有点儿狭隘。

第三件事：回馈

　　每个人来到世间都是奇迹。生活如此善待我们，所以我们必须花一些时间、精力和辛苦挣来的钱去回馈生活，特别是感谢那些曾经帮助过我们的人。此外，我们还要帮助那些需要帮助的人。回馈不仅可以让我们内心得到满足，而且能够实实在在地改善一些人的生活。我们周围的人能够过得更好，反过来也会给我们一个更好的环境。

回馈是多方面的，孝道就是一种回馈。但是，回馈不仅限于对我们的父母、恩人、亲友或母校，还包括对整个社会以及那些和我们素不相识的人。

很多人说自己太忙或者太穷，没有时间或者金钱回馈，其实回馈完全不在于多少，而在于从现在开始身体力行。

世界最著名的慈善家恐怕当属约翰·洛克菲勒了。据估计，他一生捐出了5.5亿美元的巨款，按今天的GDP水平折算，相当于1000亿美元左右。他帮助约翰·霍普金斯大学建立了公共卫生学院，这是美国现在最好的公共卫生学院；洛克菲勒还在中国创立了协和医院。此外，他出巨资（8000万美元）帮助芝加哥大学从一所很小的教会学校变成现在的世界一流大学，还建立了在医学界非常有名的洛克菲勒大学。在接受洛克菲勒捐赠的大学名单中，哈佛、耶鲁、哥伦比亚、布朗、卫斯理等名校都在其列。此外，后来的洛克菲勒基金会资助了正在研制青霉素的英国科学家弗洛里等人访美进行合作，这直接催生出药用青霉素。

洛克菲勒并非在有钱后才开始做善事的，他在16岁有第一份工作时，就将自己收入的6%捐出来，并且一生都在做回馈社会的事情。类似地，在2018年因为给母校约翰·霍普金斯大学捐款18亿美元，而刷新全球教育机构最大单笔捐款纪录的布隆伯格，他的第一笔捐款是刚毕业参加工作时捐出的，虽然只有 5 美元。

同样，没有时间也不过是托词。大部分人恐怕不会比我更忙，但我每周依然会在周一、周三两天准时去看望我的母亲。如果我能挤出时间做到，99% 的人应该也有时间做到。每次到了看望母亲的时间，不论我是在开会还是在做别的事情，我都会告诉其他人，我现在必须离开了。时间一长，周围人都知道在那些日子不要指望我加班，也不要在快下班时给我安排事情。坦率地讲，即便是国家元首所做的事情，也并非每一件事都是重要的，何况我们常人。2019 年初，美国政府关门了 30 多天，大家日子该怎么过还是怎么过，没有谁感觉到生活变得艰难了。也就是说，美国政府里除了海关工作人员等极少数的人，绝大部分人平时做的事情其实可有可无。我们做的那些引以为豪的事情，其实远没有我们以为的那么重要。所以，任何没时间的说法都是托词。

总之，回馈不能仅仅有心，还必须有行动；只有采取了行动，才能证明有心。

第四件事：有一个信仰

人应该有信仰，这个信仰未必是宗教信仰，但是必须有。因为当我们失去了方向和动力，感到不知所措的时候，信仰会让我们知道该怎么做事情。当我们不得不做出很多抉择，比如在道德和利益上纠结时，信仰能帮助我们找到符合本心的选择。

信仰的作用不止这些。有了信仰，我们在表明立场时就敢于站出来，理直气壮地向不公正大胆抗议，或者喊出我们相信的原则，这就是勇气。一个有信仰的人，如果知道自己是对的，就不怕恐吓，敢于行动。

第五件事：留下遗产

每一个人最后都应该考虑留下一些遗产，当然，这里说的遗产不只是钱财。

根据幸福学的理论，幸福的一个重要来源是基因的传承，即传宗接代，因此，子嗣本身就是遗产的一部分。当然，动物也能留下这种遗产，因此人类的遗产应该比这个更多。

我最早思考遗产这件事其实是在读博士时。当时我的导师贾里尼克教授对我说："博士和硕士是不同的，硕士只要掌握专业技能即可，博士需要对人类的知识体系有所贡献。虽然你做了很多工作，发表了不少论文，但是你还没能解决一个以前没有人解决过的、对后人有意义的问题。因此，我还不能让你毕业。"

我听了这话当然很不高兴，因为很多学习水平不如我的人早就毕业了。但是现在我要感谢导师的这番话，它让我最终为人类的知识体系添上了一块砖，这或许就是一种遗产。

每个人都可以问自己这个问题：如果这个世界没有我，是否会完全一样？如果答案是肯定的，说明你没有留下什么遗产；如果因为你做的一些事情,哪怕很小,哪怕微不足道,但世界因此不同,那么这就是你给世界留下的遗产。明白了这一点,你就知道自己不必浪费时间做哪些事情了。

当然,这个智慧并非我自己总结出来的,而是受到凯鹏华盈的董事会主席、风险投资之王约翰·杜尔的启发而领悟到的。杜尔在投资时,把金钱的回报放在第二位,把产生改变世界的影响力放在最前面。在这种思想的指导下,他投资了谷歌、亚马逊、推特等许多改变世界的公司。

幸福的蓝色地带

我曾经讲过,幸福生活才是目的,个人的成功不过是实现这个目的的途径和手段而已。很多人为了挣钱和出名,偏离幸福生活这个目标,虽然挣了很多钱,但是不幸福。

很多人觉得有钱就能幸福,于是去买彩票。世界上总不乏运气好的人,总有中大奖的。如果把每年世界各地中大奖的人加在一起,这个群体不算太小。但是,很遗憾,幸福属于另一个群体,而且和中彩票群体鲜有交集。中彩票的那群人通常在10年内又回到原有的生活。通过自己的劳动获得财富的人,会比中彩票的人幸福,因为他们懂得善用钱财。但是,人只有财富,未必能幸福,最典型的例子当属保罗·盖蒂家族。

保罗·盖蒂是20世纪40至60年代美国及全球的首富,

他通过在中东开采石油获得了巨大的财富,而且他的财富和比尔·盖茨、杰夫·贝佐斯等人不同,是货真价实的真金白银,而后者的财富很大程度上存在于纸面上。如果不是后来沙特阿拉伯和科威特赖账,硬将油田收了回去,现在两国王室的钱都是保罗·盖蒂的。即便不算这些后来没有赚到的钱,他赚的钱也多到难以形容。但是他和孩子生活得都不幸福。他的大儿子因为没有能力管理那么多财富,得了抑郁症,最后自杀身亡。其他家族成员有的因为空虚染上了毒瘾,有的因为性丑闻身败名裂,有的被绑架,有的因得不到关照而早逝。甚至有人认为,有魔咒笼罩了这个最富有的家族。其实,哪里有什么魔咒,只不过盖蒂在拥有金钱的时候缺了一些东西。因为怕大量的金钱带来的不是福祉而是灾难,盖茨和巴菲特等人才决定不留太多钱给孩子。

那么,除了钱,获得幸福还要有哪些要素呢?我们不妨看一下专门研究这个问题的丹·比特纳是怎么看的。为了搞清楚这件事,比特纳走访了世界上很多国家,特别是幸福指数较高的国家,探究幸福的源泉。他把自己15年的研究结果写成了一本畅销书《蓝色地带》(*The Blue Zones*),后来,他围绕这个主题一共写了4本书。"the blue zones"是一个人类学名词,直译成中文是"蓝色地带",指的是世界上最长寿的地区。这个书名的含义很明确,就是获得幸福的最高境界。我为了让孩子从各个侧面理解幸福，专门和她们一同读了这本书。

我在《态度》一书中对这本书的内容有比较详细的描述，在此只做一个简单的介绍。

比特纳在书中介绍了具有代表性的三种幸福人生，它们分别是以哥斯达黎加人为代表的"愉快式"幸福，以丹麦人为代表的"目的式"幸福和以新加坡人为代表的"自豪式"幸福——这三个小国分别是美洲、欧洲和亚洲幸福指数最高的国家。

哥斯达黎加人的"愉快式"幸福来源于他们乐天的性格和对物质财富并不强烈的欲望。在哥斯达黎加，每个人很容易获得生活所需的物质条件，加上教育和医疗有保障，人们可以过得无忧无虑，几乎每个人都有自己的业余爱好。

丹麦人幸福的原因来自他们能够实践生活的意义。亚里士多德讲过，真正的幸福来自生活的意义，而丹麦人就是这样的实践者。当然，主动实现自己生活的目标是需要有物质和时间保障的，这一点丹麦人做到了。

当然，我估计中国人很难接受哥斯达黎加人或者丹麦人的幸福观，因为那要求看淡对物质财富的追求。相比而言，新加坡人的"自豪式"幸福或许更适合中国人，也就是说能够通过自己的努力出人头地。在书中，作者用了 pride 一词，它的意思等同于"出人头地"。同样是想出人头地，为什么新加坡人过得比中国人幸福呢？有人觉得是因为他们钱多。其实，如果单看中国一线城市人均 GDP 以及收入水平，和新加坡人的差距远不像两国人均 GDP 差异那么大。新加坡最大的好处是"省心"，一个人只要从小当好学生，然后上好学校，将来努力工作，就能挣到钱，并且赢得他人的尊重。相比之下，我们的努力往往未必能得到回报。这种不确定性会让人觉得看不到希望，幸福感自然不会高。

其实，无论哪一种幸福，都需要 4 个基本条件：

第一，有基本的物质保障。

第二，未来的不确定性较小，特别是付出努力能得到想要的结果。

第三，有机会追求自己的梦想，因为一个人如果能得到自己想要的东西自然幸福。

第四，自己的人生目标和生活环境的价值观匹配。只有这样，一个人才能受到周围人的尊重。如果把新加坡的一个每天工作 14 小时、身家千万新币的寿司店老板放到哥斯达黎加或者丹麦，他一定不幸福，因为他不仅得不到尊重，还会被看作另类。

这 4 个条件，有些靠环境，有些靠我们自己，当然环境本身是可以通过我们的共同努力改变的。比如，前文提到的三个国家的国民生活很省心，这就是环境。而省心的基础却不一样：新加坡靠法律维系，哥斯达黎加靠大家的默契，丹麦则要靠较高的国民素养。但不管是哪一种，都依赖于每一个人的贡献。

格 局

在环境之外，幸福更多的是自身能够把控的。除了有基本的物质保障（并不需要盖蒂那么多的钱），幸福首先来自人们自身有脚踏实地的梦想，这个梦想是可以通过努力实现的，并且能付诸行动。这些可以通过三个词描述，它们都是以英文首字母 p 开头的，即目标（purpose）、愉悦（pleasure）和自豪感（pride）。人一辈子最看重的东西是目标，既然是自己定的目标，而不是被迫而为，那么在通往这个目标的道路上，即使有艰辛也是愉悦的。自己在实现了目标后，必然有自豪感。

盖蒂家族的悲剧在于，大部分后代的目标都不是自己定的，要么是老父亲为了维系这个大家族的繁荣而规划好的，要么是身在那个位置不得已而为之。老盖蒂去世后，后人干脆违背了他的遗嘱将家产变卖分了。虽然剩下的钱连当初的十分之一都没有，但是他们摆脱了盖蒂光环的影响，开始过自己的生活。是好是坏自己体会，或许他们内心更加幸福。

如何成为精神上的自由人

2015年,一位××省级文科高考状元为自己没有接受素质教育而感到自豪,因为他把别人花在接受素质教育上的时间都拿来刷题了,因此他成了高考的"省级状元"。

不过,靠每年寒假刷36套题、暑假刷144套题而当上"状元",自然会牺牲很多东西,包括各种素质的培养。我因为从小体会过中国最穷困农村的状况,非常能够体会一个贫家子弟要通过考试获得晋升机会的心态。但是,对于中国大部分孩子来讲,这未必是一条能让他们幸福的道路。事实上,作为中国大学的客座教授和美国大学的管理者,我非常清楚中美两国虽然在高等教育上有很大的不同,但是顶尖的大学最想要的都是做两遍题就能取得好分数的学生,而不是刷几百套题的人。一个人对自己没有接触音乐、绘画、舞蹈、主持、奥林匹克竞赛和计算机感到自豪,而不是遗憾，我很怀疑这类人的人生道路是否会很精彩。

现在，大部分中产阶层家庭的孩子并不需要把青春都用来刷题，现在的孩子应该追求一些温饱之上、物质以外的东西。中国大中城市的很多家长让孩子从小体会艺术的美感、体育的拼搏精神，锻炼服务同辈人和社会的领导才干，都是对应试教育很好的补充。一个懂得美、热爱生活的人，才能在人生道路上走得精彩。当然，素质教育远不止音乐、绘画、舞蹈、主持、奥林匹克竞赛和计算机，那些都是手段，目的则是培养既能适合社会，也能愉悦自己的自由人。素质教育可以通过很多方式获得，读经典著作就是其一。

很多人问我读经典有什么用。或许真没用，但素质教育从来不是出于功利的目的。虽然宋真宗曾经讲过"书中自有黄金屋，书中自有颜如玉"，但是我们见过几个古代的老学究有黄金屋和颜如玉的？事实上，读书、读经典既不能直接带来金钱，也不能帮助年轻人考上好大学。但是，当人们需要用到经典，却不知道经典中的内容的时候，只能悔恨自己读书太少，修养不足。

不读书的人通常难以提高自己的经济水平，而这一点只有当人们遇到天花板又突破不了时才能体会到。这些大道理不用我多讲，媒体上随处可见。我只想谈一个实际问题：不读书、缺乏修养，想找一个好的伴侣是非常困难的。巧读书、长见识、修身养性，无论对成家还是对立业来说，都有很大的帮助。

找到好的终身伴侣,是每一个青年人的梦想。英国爱情小说女王简·奥斯汀说过,一个经济条件好的人,到了年龄都是想要结婚的。按理说,年轻人总是相互吸引的,找到一个合适的男女朋友并不应该是一件难事,特别是对那些俊男靓女、才子佳人来说。但事实并非如此,总有些看上去条件不错的青年男女找对象有困难,以至上一代人都等不及了,不得不给他们施加压力。站在年轻人的角度考虑,条件稍好一点儿的人想找一个理想的伴侣,还真不是一件容易的事情。这里我就给大家讲一个曾经发生在我身边的追"女神"的故事。

先要说明的是,我所说的"女神"并不是指只有美貌的"花瓶"。为了便于读者理解,我想举两个具体的例子,比如,既有美貌,又有才情智慧的林徽因可以算是"女神",伊万卡·特朗普也被很多中国男生形容成"女神"。在现实生活中,要追到这样的人自然很不容易。在我身边发生的那件事,虽然没有统计意义,但可以说明男生才情的重要性。

> 我有一个同学A君,长得仪表堂堂,书读得也不错(我指的是专业书读得不错,学习成绩不错),为人又很好,从中国最有名的大学毕业,硬件条件没的说。到了单位以后,他遇见了一位可以称得上是当代林徽因的女生,我们不妨称她为B小姐。我见过B小姐,她有多漂亮呢?如果把银幕上

的美女都请下来和她放到一起，人们还是会首先注意到她。

当然，B小姐更为吸引人的地方是她的才情和为人，薛宝钗有的优点在她身上都能看见。在业务上，她在一个几千人的单位中名列前茅。最终，她在自己所在的领域取得了事业上极大的成功。单位里有这样一位女生，没结婚的男生自然会心动，就连结了婚的都想找机会和她多说两句话。

想追求B小姐的人实在太多，有的直接去表白，有的托人带话，有的送礼物，有的主动帮她做事情，我的同学也不例外，极为殷勤。可能他还算有竞争力吧，和B小姐混得比较熟。B小姐自知自己的条件不错，虽然追求者很多，但是从不轻易对人做出承诺。

这样的女生其实容易在单位里招惹嫉恨，但偏偏B小姐特别会做人，有薛宝钗的本领。她从不拒人千里，既能让每个人都觉得她很友好，又能和他人保持距离，不让其他人胡思乱想。对于女同事，她也能把关系处得特别好，以至那些未婚的女生并不嫉妒她。

那时很多单位会举办以交际为目的的舞会，这些舞会自然成了青年男女彼此相识的好机会。B小姐不善此道，又怕被男生纠缠，无论别人怎么邀请，她都很少参加。即使去了，也是露个脸转一圈就走了。不过凡事总有例外，有一次她很早就去了舞会现场。

当时很多男生，包括我的朋友A君都兴奋得不得了，都想请B小姐跳舞，可B小姐大多都谢绝了，仅仅出于礼貌跳了一两曲就坐到了一旁。大家见B小姐不愿意跳舞，就凑上去和她聊天说话。这时，刚到公司几个月的C君邀请B小姐跳舞，B小姐二话不说就答应了，而且不太会跳舞的她居然陪着C君跳了一晚上——之后的故事就不用多讲了。

A君不死心，后来去问B小姐，C君有什么明显比别人强的地方。B小姐对A君倒也诚恳，便告诉他，她第一次见到C君就觉得这个人和周围的人不一样，那种优雅和涵养是极少见的。多年来，她想说的话都没人可说，那一晚总算有一个可以说话的人了。A君还是不死心，问他们聊了什么。B小姐说他们只是随意地聊，比如《红楼梦》《神曲》《浮士德》。很多人在谈这些经典时，只是卖弄一下学识，但是C君的见识远在他人之上，这便是吸引B小姐的地方。而那些见识，离开经典的话，断然不会存在。A君是一个非常体面的人，从不死缠烂打，此后就打退堂鼓了。

很多年后A君和我说起这件事情，依旧怅然不已。后来我认识了C君，他果然有很多别人没有的长处，不仅是单位里的超级明星，而且那份学识、优雅和涵养足以让他永远成为一个圈子的中心。

人这一辈子，大部分时候需要的不是去战斗、去征服、去比别人考得好，而是要对别人有用。没有女孩子喜欢一个天天和别人比考试成绩，但对自己没有帮助的男生。而最好的女生都是有点儿情趣的，并非男生觉得自己的硬件条件好就能打动得了的。聪明的女生并非只贪图外表、学历、钱财和家庭出身，她们有对幸福的理解和对未来的追求。一个能洞察人心的男生，在这方面总是有点儿优势的。

无论博雅教育还是素质教育，在英语里都是同一个词——liberal arts。它最初来源于希腊语。arts 并不仅限于艺术，还包括科学之外、哲学之下所有和生活直接相关的知识和智慧；liberal 最初是指古希腊的自由民的属性，他们是各个城邦的主人，有自由意志，能够自己决定自己的生活。博雅教育就是针对这些自由民进行的素质教育，奴隶是不能学的。与之相对应的是具体做事的技能，奴隶和自由民都可以学习。因此，是否接受过博雅教育，是区别自由民和奴隶的特征。在物质不丰富的年代和地区，人虽然有人身自由，但是时间都用来获取谋生的基本物质了，博雅教育是无从谈起的。现在，中国人大多已经解决了温饱问题，不仅是法律上的自由人，还应该成为精神上的自由人，因此博雅教育就显得特别有必要。捧起一本好书，细细体会个中滋味，不啻为自由人的享受。

4
智者的见识

很多人问我："你经常说，良师益友对人的成长进步非常重要。那么，在你进步的过程中是否有一些人对你帮助很大，有一些事情对你触动很深呢？除此之外，历史上有哪些人对你影响很大呢？"

我之所以成长进步得比较顺利，确实是受益于身边的智者。他们既可以是现实生活中的人，包括我的老师、上级或者长辈，也包括我的同龄人，甚至是我的下属；也可以是我未曾谋面却"神交"的古人。

对于智者，我总是对他们带有敬意，对他们的行事方式、一言一语格外留心，力争将他们的智慧变成自己的智慧，并且在行动中一点点改掉我不良的思维方式和做事习惯。久而久之，我发现自己在见识和能力甚至运气上，都提升了一个等级。

我们应该和什么样的人交朋友

一个人一辈子的幸福在很大程度上取决于他（她）的婚姻。在步入婚姻殿堂之前，很多人纠结于是找喜欢自己的人还是自己喜欢的人。当然，这种矛盾只存在于喜欢自己的人和自己喜欢的人不是同一个人的情况下。把这种选择推及各个层次的朋友上，问题就变成了我们应该和什么样的人交朋友。在这个问题上，巴菲特给了一种选择的方法，下面我就先从他如何挑选股票说起。

巴菲特选股票的智慧

巴菲特挑选股票的标准和绝大多数人不同。2017年4月，他的旗舰公司伯克希尔—哈撒韦在公布季报时，按照美国证券交易委员会的要求披露了所持的主要资产。在那个季度中，它增持了苹果公司的股份，从6100万股增加到1.33亿股，翻了一倍还不止。

格局

这个消息传出去之后,苹果公司的股票自然上涨;作为苹果的股东,伯克希尔—哈撒韦公司的股票也有小幅上涨,皆大欢喜。当然,根据美国证券交易委员会的要求,伯克希尔—哈撒韦公司需要给出增持苹果公司股票的理由,以免有炒作的嫌疑。该公司给出的理由基本上是巴菲特的老生常谈,大致有两层意思:一是苹果公司的业务有发展前景,二是苹果公司是家好公司,因此值得长期持股。

很多人觉得巴菲特的话没什么信息量,因为这两条理由都是大家知道的,不然苹果公司的股票市值不至于一度被炒到万亿美元。然而,被巴菲特认定为好公司并不是一件容易的事情,因为他对好公司的标准和别人不一样。在更早的时候,巴菲特说过IBM和英特尔是好公司,但这两家公司的投资回报并不好,在大多数投资人看来算不上好公司。那么,到底是大多数投资人对还是巴菲特对,这其实要看我们认定好公司的标准是什么。

华尔街从来不缺眼光好的投资人,比如另一位股神级的投资人比尔·米勒。他在雅虎、亚马逊和谷歌这些公司刚上市时就重仓持有它们的股票,赚得盆满钵满。但是巴菲特从来不投资这样的成长型股票,他甚至在2008年金融危机之前碰都不碰科技股;虽然后来开始买科技股了,但他买的基本上都是那些看上去"过了气"的公司,比如IBM和英特尔。当然,IBM和英特尔都是"现金奶牛",每年有很高的分红,这让巴菲特能通过持有这些公司的股票获得现金,然后投资其他"现金奶牛"。不过,稍有投资经验的人就会算出,如果巴菲特在2007年苹果公司刚推出iPhone时就投资它,到2017年底获得的收益(10倍)要远远高于同期伯克希尔—哈撒韦的其他投资回报(1.6倍)。因此,即使今天苹果成了"现金奶牛",未来通过股息和回购股票给投资人带来的收益,都不可能抵上过去10年苹果股价上涨带来的收益。于是很多人感叹,巴菲特看不懂科技公司,放着10年前"青春靓丽的小姑娘"不娶,偏等苹果变成"半老徐娘"再娶。

为什么巴菲特这么聪明的人不在10年前买入苹果的股票呢?其实,不是巴菲特不想早下手,而是在10年前按照他的标准来考量,苹果公司根本不合格。有人觉得进入移动互联网时代后,龙头企业苹果公司的股票一定会上涨,这种事连股市中的菜鸟都看得出来。其实,事情真不一定如此。iPhone上市后,控制手机芯片的另一个明星公司高通的市值一度超过英特尔,成为全球最大的半导体公司。但是10年来(2007—2017年),这家公司的股票价值只增长了50%左右,远远低于股市的平均水平。而在移动终端芯片专利的官司上输给高通的英伟达公司,虽然被挤出移动终端市场,但股价却增长了6倍。巴菲特不是赌徒,他不会把命运押在一个股票可能疯涨也可能很差的公司上,他有自己的原则。那么,他考量公司的原则是什么呢?简单地讲,就是公司要对投资人好。

世界上有很多公司，它们的业务发展得很快，对自己的员工很好，但是它们只把投资人当作提款机，或者放在最后的位置上。虽然每个人、每家公司都有自己的价值观，这种做法并没有问题，但是投资人的任务是获得回报，而不是理解某家公司的价值观。因此，一家公司再好，如果不符合"对投资人好"这个原则，巴菲特就不会投资。事实上，很多在美国上市的中国公司，上市后业务增长得不错，但是由于根本不关心投资人的利益，股价几乎不上涨，甚至低于刚上市时的水平。这些公司就是对投资人不好的公司。它们发展得再好，都和投资人无关，巴菲特这样的投资人根本不会去碰那样的股票。很多中国公司从美国退市，理由是美国股市低估了自己的价值，这只是找借口，真正的原因是它们对投资人不好，因此被抛弃了。像网易这种长期赢利、不乱花钱的公司，股价从互联网泡沫后的低点至今涨了上千倍，是不会被抛弃的。

巴菲特所谓的好公司有这样几个共同的特点：

第一，能够稳定发放股息。

第二，有多余的现金时会回购股票（这样可以推高股价）。

第三，不断提高自己的利润率，而不是将大量的利润分给员工，或者管理层直接把利润拿走。

一家公司要达到上述要求，需要时间让业务稳定下来，让管理成熟起来。无论是英特尔还是苹果，在 10 多年前都不符合巴菲特的要求。乔布斯是个随性的人，他首先考虑的是公司自身的成长，而不是回报股东。但是，库克是一个对股东不错的掌门人，他执掌苹果之后，苹果公司在分红和股票回购上一直做得不错，这才让苹果入了巴菲特的法眼。

入了巴菲特的法眼并不等于能马上得到他的投资，因为巴菲特不能从一次两次的分红和股票回购中就得出一家公司真的对投资人好的结论。巴菲特要确认这家公司在经营管理上是否长期如此，并且形成了习惯。只有形成了对投资人好的文化和习惯，才能够长期持续地保障投资人的利益。这样做自然需要时间，科技公司也从"青春靓丽的小姑娘"变成了"半老徐娘"。因此，巴菲特投资的那些科技公司往往走过了快速发展阶段，这也让巴菲特的投资方法和其他很多投资人的方法不一样。

选一个喜欢自己的还是自己喜欢的

我经常用巴菲特的这种投资方法对人进行判断。如前所述，想结婚的人常常纠结一件事——找一个喜欢自己的还是自己喜欢的人。如果二者不能兼得，大部分人从情感上出发会倾向于选后一种人，虽然理性上会觉得前一种人的行为更靠谱。对此，每个人有自己的判断、自己的选择。不过，我知道很多人在追求一个自己喜欢的人（但对方并不喜欢自己）时，总以为自己对对方好一点儿，就能够换得对方善意的回报，这种想法是非常天真的。

格 局

在人和人的关系上，本杰明·富兰克林讲过一句非常精辟而富有哲理的话："一个帮助过你的人，比一个你帮助过的人，更愿意帮助你。"我们看过、听过太多落花有意流水无情的故事。如果一个人对你不够好，无论你多么喜欢他（她），对他（她）和他（她）的家人多么好，也换不得他（她）的真心或者友谊。因此，在任何关系中，我们要找的都是富兰克林说的那种"帮助过你的人"。

当然，要真正了解一个人的秉性以及他（她）对你的态度，并不是短时间能够做到的事情，即便你们在短时间内接触得很频繁。正是由于找到这种人的时间成本很高，一旦找到便要格外珍惜，无论对终身伴侣还是长期伙伴都该如此。那些对我们好的人将使我们终身受益，正如巴菲特挑选的那些好公司总是给伯克希尔—哈撒韦带来利润一样。

类似地，一个人在选择工作单位时，应该把对自己好、能帮助自己成长的公司放在首位，而不是觉得某家公司很酷、很热门或者多给了一点儿薪水就选择它。我见过不少年轻人在接受第一份工作时，会挑选那些多给了20%薪水的公司，而不是那些能够帮助他们长期发展的公司。这就如同购买股票时只看股票的价格而不考虑它的内在价值一样。几年后，我又遇到那些年轻人，他们终于决定离开那些不能长期对员工好的公司，重新找工作了。我问他们当初为什么挑选那些公司，他们说当时刚离开学校，想多挣点儿钱。这种想法就如同巴菲特所讲的，以为自己在股市上捡到了一个便宜货，其实不过是被人扔掉的烟头，吸上两口就没有了。

还有很多人有幸进入一个好单位，却并不珍惜，为了提高一点儿薪水就跳槽，却不问新公司是否有能力、有意愿帮助自己长期发展。一个人一旦几次看走眼，就会失去判断力。这并非因为他的智力水平不够高，而是因为他判断价值的方法彻底错了。有的人在我们看来命不太好，因为他对周围的人都好，而周围的人对他都不好；而另一些人命好，因为他们总有贵人相助。其实在所谓"命"的背后，起主导作用的是我们判断价值的方法。

股市上的股票很多，再精明的人也很难扫一眼就看出它们的好坏，因此巴菲特才会花很长时间，静下心去考察一家公司。在这个过程中，他自然会错过一些公司的青春期，这是他付出的代价，不过他的回报来自那些公司今后几十年带来的收益。

我们一生中遇到的人要比股市上的股票多得多，而人的行为表现常常比上市公司更复杂。判断一个人是否值得长期结交，不妨用巴菲特的方法仔细了解一下。这样交到的朋友，大多能使我们终身受益。至于生活的伴侣，对自己好是比金钱、门第和外貌更持久的依靠。

我的5位恩师

虽然我在关于教育理念的《大学之路》一书中非常强调素质教育的重要性,但是在和大部分家长以及学子交流时我讲过,素质教育是以掌握一项技能为前提的。我后来敢在专业之外的学习上花很多时间,可能与我掌握了足够的技能,不需要为将来找工作发愁有关。

传授我第一个谋生技能的人

传授我第一个谋生技能的人,是我在清华大学读研究生时的导师王作英教授。我在做王老师的学生之前,已经在清华读完计算机专业的本科,掌握了一些计算机科学的基本技能,用来谋生绰绰有余。事实上,我在本科毕业后的两年里在社会上"混"得非常好,如果继续这样"混"到今天,一定是个收入不菲的生意人。

因此，当两年后我回到清华读研究生时，我的生意伙伴都为我感到惋惜。不过我不觉得当时的改变有什么不好，因为那时我并没有在哪个领域做得非常精深。我的工作由别人来做，效果也是一样的，而我追求的是一种最好只有我能做，别人难以胜任的工作，也就是要体现出我的不可替代性。这样一来，我的价值才能真正得到体现。于是我回到清华，做了王老师的研究生。

王作英教授是中国最早做语音识别的专家之一。和中国大部分工科出身的学者不同，王老师的数学特别好。他曾留学苏联，毕业于莫斯科国立鲍曼技术大学——这所大学在苏联相当于清华，而莫斯科大学相当于北大。在莫斯科期间，王老师除了在鲍曼技术大学做研究，还在莫斯科大学学了很多数学课。因此，他和许多从苏联学成归来的学者一样，理科基础非常扎实，这让他在解决各种未知问题的时候占据很大优势。

而当时国内大部分的工科学者，研究的专业领域很窄，虽然擅长技术，但缺乏理论功底。比如，在语音识别领域，大部分学者只会应用那些复杂的数学模型，不会改进。王老师则不同，很强的数学功底让他不仅能搞清楚复杂数学模型的本质，还能够根据汉语的特点做出修改，这一点非常难得。现在很多人抱怨中国搞技术的人工作时喜欢"山寨"，这其实是没有办法的事情，因为很多人一开始就用错了数学模型，只能"山寨"，难以创新。

我当时比较幸运，遇到一位有真才实学的导师。后来我在清华得过一个蛮大的数学奖项,再后来我在谷歌的机器学习和自然语言理解项目上做出了不少成就,这都要感谢王老师将我领进门,并且让我真正体会到数学的重要性。如果用一句话概括我那几年的收获,就是我学会了用数学的方法解决工程问题。

我在清华电子系做研究生时还占到一个"便宜",就是我的本科并非就读于电子系,我是从计算机系毕业的。通常这是一个劣势,但我把它变成了一个优势,因为周围的师兄弟写程序都写不过我。虽然换一个系,刚开始时要度过一段非常艰难的补课时光,但好在我靠努力补上了过去的不足。很多人觉得今天的我善于跨界,其实我从那时就开始做跨学科的研究了。现在回过头看,如果我一直待在计算机系,可能会对计算机这个工具用得很熟,但是并不清楚要用它解决什么课题。相反,如果我一开始就学习电子工程,可能使用计算机这个工具就不如现在娴熟,有好的想法自己也实现不了。

教我对理论活学活用的人

我到约翰·霍普金斯大学后,先后指导我的导师有4位,除了我在《数学之美》和《智能时代》中介绍的贾里尼克外,还有埃里克·布莱尔、大卫·雅让斯基和桑杰夫·库旦普三位教授。

布莱尔是我在约翰·霍普金斯大学的第一位导师,他本科学习数学,后来学习计算机。他的特点是能够给复杂问题找到一个经验性的简单的解,当然这个解在理论上未必漂亮。我一到约翰·霍普金斯大学就和他合写了一篇论文,这篇论文很容易读懂,但是颇具开创性,因此直到 20 年后的现在还有人引用。

布莱尔教给我的是对理论的活学活用,以便快速取得成就。布莱尔是一位非常和善的教授,我们的关系非常好,可惜我只跟着他学了一年,他就到微软研究院工作了。在微软,他第一年做出的成果就超过十几人的小组两三年的工作成果,他的同事决定把他排挤走。不过,布莱尔既然有这么大的本事,微软当然不会让他走,于是给他新成立了一个工作组。他后来成了微软最早做搜索的技术负责人,之后成了 eBay(易贝)主管研究的副总裁,相当于首席技术官。

教我做报告的人

布莱尔离开后,我不得不找一位新的导师,最后找到了贾里尼克。贾里尼克在指导了我一年论文后,发现自己实在没有太多时间,就由库旦普博士负责指导我的具体工作了。

库旦普博士是数学家和统计学专家,并非计算机科学家,因此他非常注重理论上的完美。我和布莱尔那种实用性的做事方式他根本看不上,我花了一年时间才和库旦普教授磨合好。不过,经过一段"阵痛"之后,我的理论水平,特别是数学水平有了一个飞跃。

后来,我的毕业论文被认为是整个中心几年来理论上最漂亮的论文，从引理到定理，再到推论的证明都极其严格。要是没有库旦普，我是写不出这样的论文的。

除了指导我的学业，库旦普对我最大的帮助就是将我训练成一个会做报告的人。贾里尼克要求我每个月给课题组的所有人做一次报告，怎么做则由库旦普指导。为了让我能够做好那只有半小时的报告，库旦普要花大约8个小时帮助我，从修改PPT（当时的演示文稿是投影胶片，修改很麻烦）到听我一遍遍练习。

他会纠正我的每一个细节，比如，每一张胶片讲解的速度，每一个停顿的时间，每一个关键用词，甚至每一个小笑话。这让我后来在自己的职业生涯中能够成为把故事讲得很清楚的人。没有库旦普，我肯定做不到这一点。因此，好的教育不仅是教会学生专业技能，还包括教给学生能用一辈子的各种各样的技能。

库旦普对我还有一个帮助，就是让我树立起一种"我能做到世界第一"的信心。库旦普一直希望我做一些别人没有条件做到的难事，因此当他的学生比给布莱尔当学生累多了。但是毕业后，我发现付出的那些辛苦都是值得的。

几年后当我回到霍普金斯时，库旦普告诉我，他从中国招了一个特别好的学生，那个学生读过我的书，因此他让我一定花时间和那个学生聊一聊。那个学生就是语音搜索应用"出门问问"的创始人李志飞博士。我想，李志飞博士应该和我一样认为，自己的成功离不开库旦普的帮助。

教我处理复杂问题的人

由于贾里尼克和库旦普都是约翰·霍普金斯大学电机与计算机工程系（Electrical and Computer Engineering）的教授，而我需要获得计算机学位，因此，我必须在计算机科学系（Computer Science）寻找一个选课和学业指导教授，而贾里尼克和库旦普只能算我的论文指导教授。于是，我在计算机科学系找到了雅让斯基教授指导我。

雅让斯基现在是美国国际计算语言学协会（ACL）的会士。他给我的最深印象是语言能力超强，可以说，他是我见过的最有语言天赋的人。雅让斯基能阅读十三四种语言，说六七种语言。他从事自然语言处理的研究，纯粹是对语言感兴趣。见到雅让斯基，我才相信世界上一些人的天赋是其他人难以企及的。

和布莱尔一样，雅让斯基是一个能够为复杂问题找到简单答案的人。当然，他对我最大的帮助就是一直在计算机科学系里照顾我。我当时虽然在电机与计算机工程系做研究，但是要从计算机科学系拿学位，这中间难免有些麻烦，比如要面对计算机科学系的一些教授对我的质疑。雅让斯基是一个每当我遇到困难都能向他敲门求助的人。实际上，不仅对我，他对所有自己能帮到的学生，都毫不吝啬地伸出援助之手。受雅让斯基的影响，我后来也非常愿意帮助身边的年轻人。

人的一生需要各种各样的贵人帮助，对我来讲，除了需要库旦普这样指导我学业的人，还需要雅让斯基这样在其他方面帮我排忧解难的人。从雅让斯基身上，我懂得了需要照顾好自己的下属，并且，我在职业生涯中做到了这一点。

让我开阔眼界的人

至于贾里尼克，他除了指导过我的论文，告诉我什么事情不能做之外，还不断邀请世界上最优秀的学者来为我们做报告，和我们一起工作，帮助我们每一个学生在行业里树立学术声誉。我在《智能时代》中提过著名的机器翻译专家奥科博士，我和他的交情在他到谷歌之前就开始了，而我们认识的机缘则是他本人和他的导师（德国自然语言处理和机器学习领域最权威的专家赫尔曼·内伊教授）多次来约翰·霍普金斯大学进行交流。我在谷歌的很多上级和同事，当年都被贾里尼克教授请来做交流，甚至还有人来工作过几个月。

后来我总结自己的经历，发现我职业生涯比较顺利的一大原因是，当初有幸在很好的学习和工作环境中成长，从清华到约翰·霍普金斯都是如此。在那些地方帮助我的不是一位名师，而是一群优秀的人，他们从不同角度塑造了我。我在刚刚到库旦普教授手下做课题研究时，对他天天逼着我抠细节的做法很不适应，总想着如果遇到一位要求低的教授，就能赶快毕业参加工作。但事实证明，早一年或者晚两年毕业没有太大区别，要不是他们逼着我养成很多好习惯，我就不可能达到现在的水平，也就注定我一辈子是辛苦的。因此，每次想到自己的幸运，我总是从心里由衷地感谢这5位导师，5位智者。

我的幸运在于不仅遇到了他们，而且发自内心愿意接受他们的指导。每个人都有导师，一个人能从导师身上得到的收获和自己的态度成正比。如果将导师看成管我们的领导，我们可能会把很多心思用于应付他们交代的工作，甚至和他们钩心斗角；如果将导师看成自己的引路人，我们就会主动从他们身上学到美德和智慧，让自己变得更好，甚至超越他们。

见小利,则大事不成

每个人身边都不缺智者,只是有的人愿意向他们学习,有的人不愿意罢了。比如一位商人,你可以把他看成普通的生意伙伴,或者一个富豪,抑或一个奸商,当然也可以将他看作一位老师——一切取决于我们看待他的角度。我在刚刚走出大学进入社会时,遇到了一位商人,他对我来讲亦师亦友,让我的格局得到了提升。

他是一位香港商人,名叫张国贤,在正式场合我叫他张先生,私底下就直呼他的英文名字Thomas(托马斯)。张先生教给我的全部智慧加起来就两个字:大气。没有他带我见世面,我做事情的时候可能免不了有点儿小家子气,甚至在遇到困境的时候,有些人穷志短。通过和张先生的相处,我变成了一个大气的人,这让我对他感激至今。

我认识张先生是一个偶然加必然的结果。在大学毕业之后，我到当时电子部（现在工业和信息化部的一部分）直属的一家企业做软件汉化。这种工作说得好听叫软件国产化，没什么技术含量，我也不喜欢做。当时中国 IT 产业刚刚兴起，做生意很挣钱，于是我做了半年技术就主动要求去做销售。

当时中国有一小半计算机的销售在中关村，主要的挣钱方式就是给外国公司做代理。我代理过几家公司的产品，合作最多的是一家意大利公司——Olivetti，它有一个很好听的中文名字——好利获得。它曾经是世界上最早发明个人计算机的公司之一，也是当时意大利第二大工业集团（第一大集团是菲亚特），该公司生产个人计算机、服务器和银行用的 ATM（自动柜员机）。它在中国卖得最好的是 ATM，一度占有中国市场 20% 的份额。

好利获得公司现在已经破产了，所以知道它的人并不多。在 20 世纪 90 年代，世界上大部分跨国企业在中国内地只有代表处，没有分公司。代表处只能签销售协议，真正的销售就由我们这样的代理来完成。好利获得公司也是如此，它的亚洲公司在香港，该公司派到内地的三位代表都是有欧美工作经历的香港人，张先生便是其中一位。从我的经历和他的经历来看，我们的相识纯属偶然。

但是，我们能成为朋友也有必然的因素。张先生慷慨大方，生意上守信用，这让我愿意与他合作，不用担心被骗，因为我们

格 局

私下里管当时的中关村"电子一条街"叫"骗子一条街"。当然，我愿意追随张先生做生意，或多或少是因为从心里佩服他。他是我当时见过的最好的销售人员，和我一样有工程背景，虽然做销售，但是对产品特点理解得很透彻，这得益于他懂技术。不仅如此，张先生很会介绍产品，他能把自己公司产品的一些弱点，比如价格高、缺少某些功能，转化成优点来讲，我开玩笑地说他有把丧事办成喜事的本事。我当时觉得，他没有签不下来的单子。因此，我是以对师长的态度对他的。当然，张先生在我面前也没有架子。虽然我刚入行，人脉不多，但是张先生对我很器重，经常把一些生意介绍给我。他对我讲："你技术水平不错，潜能很大，也善于沟通，好好历练，将来前途无量。"于是我们就成了好朋友。

当时，中国人的月收入只有几百元，相比之下，我们做生意的金额要大得多。我挣的利润归国家，干得好不过多拿几元的奖金而已。好利获得则不同，它是私营企业，挣的利润很多被业务代表分了，因此张先生的收入大约是我的 100 倍。那时，他晚上经常请我在北京最贵的饭店吃饭。北京新开一家餐厅，他就请我去，我们当时吃饭的速度赶得上北京高档酒楼开业的速度。那些餐厅的饭虽然好吃，但绝不是工薪阶层能吃得起的，每次都能吃掉我一个月的工资。我虽然饱了口福，但毕竟手上的钱不多，花起钱来并不能随心所欲。

有一次，我半开玩笑地和张先生讲："Thomas，你花这么多钱请我吃饭，我真的很感激，可是吃完饭我还是没钱花，你不如把钱给我。"张先生很严肃地和我讲："我请你吃饭，带你享受生活，是为了让你开眼界，让你体会高水平的生活质量。以你的能力，将来会比我生意做得大、生活得好。如果我把钱给了你，你就会满足于那几百元钱，格局就太小了，那样你只能成为一个挣点儿工资、奖金就满意的人。"后来他还对我讲："你和中关村那群商人没少打交道，他们卖一台计算机，挣上1000元（当时计算机利润很高）就很满足了，因为那是他们同龄人两三个月的工资。他们非常满足于这样一台一台地卖下去，可是这样下去他们的水平是不会提高的。而我们签一个单子，常常是上百万元金额的合同，一次生意抵得上他们的几十次。然而，这种生意非常繁杂，难度很大，从投标到办理进出口手续，交付设备后还要培训，并不是满足于挣1000元的'倒爷'能做的，绝大部分人永远没有能力做每单上百万元的生意。"

后来我的生意越做越大。中关村的"倒爷"们还是一台一台地卖计算机、打印机，而我是几百台、上千台地卖。虽然我在国企没有销售提成，但是因为业绩斐然，所以收入很高，这要感谢张先生将我做销售的境界提升了一个层次。

一张纸决定我们的高度

虽然我所在的公司和前文提到的张国贤的公司合作不多,但是他和我个人的合作非常多。有一次他说:"你帮我做一个数据库软件,管理我的订单吧,我除了付你工钱,还可以给你一台好利获得的计算机。"当时一台原装进口的个人计算机大约要 2 万元人民币,是一个大学教授一年多的工资,因此中国几乎没有个人买计算机的——买得起的暴发户不会用(那时还没有 Windows 操作系统),而会用的人买不起。因此,有一台自己的计算机算是我当时的一个梦想,我就答应了。他让我开劳务费的价钱,考虑到工作量不过是一个寒假的工作,我就开了一个自认为不低的价钱,大约是当时一个大学教授四五个月的工资。张先生二话没说就答应了,而且当场以外汇的形式付给我。当时外汇兑换人民币还有 50% 左右的溢价,足见张先生非常慷慨。我很快就做完了他要的软件，但验收时发生的一件小事，却让我记忆犹新。

当时的销售合同里每一项条款都有一些细节描述，每项细节描述平均占 A4 纸的 1/3，但是这张纸后半部分都是空白的，因此一份销售合同非常厚。我为了替他省纸，在数据库软件中非常巧妙地计算出细节描述的长度，把几项很短的销售描述合并到一张纸上。张先生验收后讲了一句话，让我记了一辈子。他说："Jun，在办公室里，永远不要省纸。"张先生的意思显然不是让我浪费纸张，而是不要为了省那些不太值钱的东西，把事情做得不漂亮；更重要的是，这样做可以避免为次要的小事费心。我想了想确实如此，一份合同金额达几十万、上百万元，还在乎多用几张纸吗？大部分人戒不掉"贪"，既想把事情做好，又想省成本，总是觉得自己的聪明才智能够兼顾两头儿，最后的结果往往是把小的一头儿照顾了，却把大的一头儿丢掉了。我以前做生意时一直在想，为什么张先生的收入是我的 100 倍，能够集中精力把该做的事情做漂亮，是一个重要原因。

无论是在当学生还是做老师时，我都遇到过一些同学，他们在做数学、物理作业或者考试时，没有像样的草稿纸，而是用已经涂了字的半张纸打草稿，甚至在报纸缝隙中打草稿。这样的学生再聪明，成绩也很难提高。因为做数学题，特别是比较难的数学题，需要非常清晰的思路，单凭苦思冥想未必能将思路全部整理清楚。在纸上写写画画是非常重要的，这可以让解题的水平成倍提高。如果写得很乱，就会找不到头绪，就算能找到，也要浪费很多时间。找一张皱皱巴巴，甚至还有一些涂鸦的草稿纸，看似节省资源，其实是在浪费自己考出好成绩的机会。在一定程度上，这些学生的命运在省那半张草稿纸的时候就已经注定了。

我在《谷歌方法论》专栏中谈到了我对草稿纸的看法。一位在德国读书的读者朋友给我留言，说德国人的草稿纸用的都是质量很好、有细细格子的纸张。他在刚到德国时，觉得德国人太浪费，后来发现这样做大有好处，能避免很多明显的错误。

到美国之后，我就和张先生失去了联系，但是有时想想自己成长的经历，总是从心里感激他，感谢他让我能够有较高的志向，而不至于天天算小账。

人最重要的是生活着，快乐着

如果能回到过去，我最想做的事情可能是和历史上的贤良有识之士进行对话。古希腊的犬儒派哲学家第欧根尼就是其中一位。

大家可能对第欧根尼这个名字感到陌生，也许有些人只是听过或看过这个名字，但想不起他的思想和行为。不过，你可能知道古希腊有位哲学家住在木桶里，这个行为古怪的哲学家就是第欧根尼。

人们现在给第欧根尼贴的标签是犬儒派哲学家。顾名思义，犬儒派就是提倡像狗一样活着——这里的狗并没有贬义。该学派在早期提倡根据自身的道德原则蔑视世俗的观念，返璞归真，不受各种习俗和规定的限制，也不追求奢华的物质享受，这和古代道教的思想有相似之处。我总体上并不赞同犬儒主义，因为它发展到后期过于愤世嫉俗，而且丧失了赖以信奉的道德原则，变得无所谓高尚，也无所谓下贱了。不过在第欧根尼身上这些特点并不明显，他的一些智慧一直影响着我。

成为自立的人

第欧根尼来自古希腊的锡诺帕，因此在正式的场合他被称为"锡诺帕的第欧根尼"。他是一位古希腊贵族，在当时，古希腊贵族有很多奴隶帮助他们做事，而贵族自己只需谈天论道，有点儿像中国六朝时期的士族文士。

有一天，第欧根尼将他的奴隶都释放了。人们问："没有奴隶你怎么生活？"第欧根尼说："奴隶没了主人可以生存，主人没了奴隶反而不能生存，这倒奇怪了。"还有一次，第欧根尼见一个贵族正让仆人帮自己穿鞋擦脸，第欧根尼对他说："他为你擦鼻涕的时候，你才会真正感到幸福——不过这要等到你的双手残废以后。"

我在大学时读到第欧根尼的这些故事，受其影响才渐渐成为自立的人。在此之前，我对家庭和工作单位多少有一些依赖，很怕自己孤单的时候活不下去。我不知道现在的大学生是否有过这种担忧，如果没有，那说明他们比我有出息。

我在大学里有一些闲暇时间，可以思考一些哲学问题。我用心体会第欧根尼的那些话之后，对未来不确定的担忧就没有了。人立于天地之间，必然有出路。有了这个自信，我才敢一会儿离开这个单位去读书，一会儿离开另一个单位去做自己的事情。我在社交网络上有一句签名：千山我独行（不需相送）。我并不是要独来独往，而是不介意孤独，能够坚持自己的主张，不随大溜。这是第欧根尼给我上的第一课。

要有真本事

第欧根尼去旅游时，被强盗抓了起来，在奴隶市场上被卖掉了。将他买回去的主人问他会做什么，第欧根尼说："你要奴隶没有，要主人倒是有一个。"对方听到这句话，对他肃然起敬，认为自己得到了一位智者，然后赶快让自己的儿子来拜师。读到这里我不禁感叹，原来第欧根尼最大的财富是他的头脑。我走遍了中国各地，接触到各种人，发现浙江人普遍有一个优点，就是无论贫富都强调靠手艺吃饭。我和当地很多成功的企业家有过接触，他们很多人起于贫困，上一辈人传给他们的只有一个价值观，就是人必须要有真本事——火烧不了，贼偷不了，这是安身立命的根本。因此，浙江有很多低调但是很能挣钱的企业家。第欧根尼遇到了强盗，他的全部财富都在身上，贼抢不走。如果是一个头脑简单的富豪遇到了强盗，钱财被抢光了，身家也就清零了。这算是第欧根尼给我上的第二课。

保持自由人心态

人有了立于天地的本事，才能成为真正自由的人，否则不论地位多么高都是奴仆。后来第欧根尼到了雅典,那时他的名气已经很大了。亚历山大大帝听闻他的大名,派人去请他,希望能和他聊一聊。第欧根尼说:"从雅典到马其顿(亚历山大大帝所在的地方)的距离,和从马其顿到雅典的距离是一样远的。"意思是说,如果亚历山大大帝想聊,可以到雅典找他。这是真正自由的人的想法,只有在金钱和地位面前丢弃掉奴性,保持自由人的心态,才能赢得对方的尊重。

我后来在换工作时,总是和新单位讲:"如果你们要找一个雇员,不一定非要找我,能干活的人多得是;如果要找一个合作者,那我们可以接着商量。"这样的表白可以过滤掉绝大部分用人单位,过滤出真心欣赏我的企业。即便短暂合作,双方也应该是平等的。一些单位希望我给他们讲课或者做顾问,我同他们讲:"你们是否可以来我这里谈呢?"倒不是我摆架子,而是如果对方不愿意花时间、花精力上门,我的建议他们也不会看重、不会听。因此,很多时候,哪怕对方开的条件再好,如果没有诚心,他们都和我没有关系。真正的合作,是建立在尊重彼此自由的基础之上的。

一些朋友问我,是否应该为了利益牺牲掉一部分自由。从短期看,这么做或许容易得到一些物质利益,但是,如果只是为了名利做事情,将难以获得可叠加式的进步。人一辈子要做的事情有很多,但是绝大多数事情是可做可不做的,因为它们除了帮我们获得一些金钱(有的甚至连钱也得不到),产生不了什么影响力。

一些朋友问我如何判断一件事情是否有必要做,我的标准是,那些花了精力做的事情要尽可能对自己将来的进步有益。一些人爱蹭热度,见到某个知名人士或者知名企业就凑上去,除了满足自己的虚荣心其实没有什么益处。这是第欧根尼给我上的第三课。

不要过分追求物质

第欧根尼觉得很多物质的享受都是可有可无的,所以就住在一个木桶里,自由自在。我一直不反对通过钱财和物质让自己生活得更好,但是我反对过分追求物质,那会成为生活的负担。生活中有很多物质需求其实可有可无。大部分时候,对物质看重的程度只要稍微轻一点点,幸福感就会增强很多。这是第欧根尼给我上的第四课。

输赢不重要

第欧根尼曾经生活在科林斯城,赶上了当地和其他城邦开战。城里的人忙于战争,第欧根尼无事可做,就把他的那个"窝"(木桶)从城东滚到城西,再滚回来。别人问他为什么,他说:"你们都在忙,我也得做点事情。"其实他是在讽刺那些忙于战争的人。

第欧根尼的这个举动曾经让我反省战争的必要性。小时候,作为一个男孩子,我免不了有想当将军、统帅、拿破仑的情结,但是长大后,我逐渐变成一个彻底的和平主义者,因为绝大部分战争不仅不必要，而且可笑。就拿科林斯城和希腊其他城邦的战争来讲，事后看起来不过像庄子说的那样，是生活在一只蜗牛的两只触角上的人们之间的战争。

在世界历史上，文明进步才是人类的主旋律。虽然历史书上记载了那些所谓影响国运的大战，但百年后冷静地回顾一下，输了或赢了对那个地区的影响其实并不大。太远的不提，就看甲午战争，日本完胜，中国惨败，但是120多年过去了，今天的日本讨到什么好处了吗？中国不还是崛起了吗？现在中国的GDP大约是日本的两倍，靠的是这40多年的和平发展、文明进步。再往远处看，德国在二战前的很多诉求现在都通过欧洲一体化实现了，而70多年前德国诉诸战争，给全世界带来了灾难。这是第欧根尼给我上的第五课。

自由和平等

第欧根尼最后还是和亚历山大大帝相见了。这位千古一帝带着大军进入雅典，见到了他心仪的哲学家，而当时第欧根尼正坐在大街上晒太阳。亚历山大大帝问："我可以为你做点什么吗？"第欧根尼说："你挡着我晒太阳了。"意思是亚历山大大帝挪挪地方就好。亚历山大大帝感慨地说："如果我不是亚历山大，也会做第欧根尼的。"第欧根尼自由和平等的意识，让亚历山大大帝对他另眼相看。

我小有名气后，总有人邀请我吃饭以表达善意，大部分时候我会告诉对方，心意领了，吃饭就免了，有事情不妨直说。要对我表达善意，最好的办法就是别占用我的休息和工作时间。这也是我从第欧根尼身上学到的，算是他给我上的第六课吧。

人其实都有两面：想成为亚历山大大帝的一面和想成为第欧根尼的一面。生活应该是这两方面的平衡，只不过我们通常更在乎亚历山大大帝的一面，而忽视了另一面。马斯洛把人类需求分为五个层次，底下的三层是和生存有关的基本需求，在此之上，人们希望获得尊重并实现自我价值，而大部分人能够想到的就是学习亚历山大。但是，如果我们把视野放大，将个人的幸福、荣辱和成就放到一个很大的时空中去考量，就会发现，纵使成了亚历山大，那点儿成就也显得微乎其微。在历史上，亚历山大的帝国在他死后就迅速解体了，而让他能够出现在今天历史书上的主要原因，反而是他在无意中将希腊文明带到了周边地区，从此历史上有了一个被称为"希腊化"的时代。第欧根尼古怪的一生让我从另一个视角看待人生——人最重要的是生活着，快乐着。

拥有智慧，更要拥有勇气

我们常说中国人勤劳勇敢，勤劳这一点毫无争议，勇敢却谈不上。实际上，中国人比较怕惹事，甚至有点儿怯弱。不信大家可以看看，大妈们跳广场舞扰得四邻不安时，有几个人有勇气站出来管一管这个"闲事"？不仅小区居民不敢管，警察也常常对此挠头。不过，古代的中国人不是这样的。

中国古代的名将非常多，能写兵法的孙武、吴起自不消说，唐太宗推崇的"韩白卫霍"（韩信、白起、卫青、霍去病）直到今天依然让那些动不动要秀肌肉的愤青热血沸腾。当然，按照唐太宗的说法，他的爱将李卫公（李靖）要超过那4位前辈。在唐朝，像李贺这样的文弱书生都能写出"男儿何不带吴钩，收取关山五十州。请君暂上凌烟阁，若个书生万户侯"这等豪迈的诗句。

唐朝之后的国力虽然比较弱，但是中国的文人并不弱。宋代有虞允文，明代有于谦、王阳明、卢象升和孙传庭，清代有曾国藩和左宗棠。而中国古代最让我心仪的男儿是东汉的定远侯班超。虽然按照战绩，班超在中国历史上恐怕连前100名都排不进去，但是，如果从军事、外交的效果和效率，以及个人体现出的智慧和勇气来看，整个中国历史上恐怕没有哪个武将可以和班超相提并论。

班超出身于一个学问大家，他的父亲班彪、兄长班固（《汉书》作者）、小妹班昭（也称为"曹大家"，续写《汉书》，也是宫廷中后妃的老师）都可称得上是著名的历史学家。班超虽然博览群书，但是对做学问没有兴趣，便投笔从戎了。

班超的军旅生涯并不长，他先是作为名将窦固的下属进攻北匈奴。因为指挥作战有功，得到窦固赏识并被委以重任，带了几十个人到西域，联络当地各国共同打击匈奴。

班超去的第一个国家是鄯善国，当地的国王见到大汉使臣到来，开始的时候颇为热情，随后却冷淡起来。班超查出来是因为匈奴的使者来了，鄯善王害怕匈奴，因此见风使舵。班超这时显示出超人的勇气和智慧，说了句很有名的话："不入虎穴，焉得虎子。"他带领36名下属在夜里击杀了整个匈奴使团，第二天就让鄯善国归顺了汉朝。

在接下来的10多年里，班超带着几百名军士在西域纵横捭阖，靠着杰出的外交和军事手段，利用盟友的军事力量打击敌对政权。他不断取得胜利，将西域大小几十个国家（有的史书上记载是 50 余国，有的记载是 36 国）都收为汉朝的属国。

在整个过程中，班超几乎没有耗费汉朝多少粮饷和军队。关于他的故事，很多历史书中都有记载，我就不再过多转述了。在中国对外军事史上，没有哪个将军能做到以如此低的成本取得如此大的战绩。

中国历史上的很多战争即便能打赢，也要倾天下之力，最后搞得生灵涂炭。即便清初前三朝以武功见长，平定新疆之乱，也动辄动用数十万大军，倾天下之力，才能达成目标。相比班超的举重若轻，高下立判。

清初著名学者王夫之在《读通鉴论》中这样评价班超："班超之于西域，戏焉耳矣；以三十六人横行诸国，取其君，欲杀则杀，欲禽则禽，古今未有奇智神勇而能此者。"意思是说，班超在西域做事就好像做游戏一般容易。他带着 36 个人横行各个国家，对它们的国君想杀就杀，想抓就抓，从古至今从来没有如此聪明神勇之人。中国历史上从不缺乏聪明之人，也不乏勇敢之人，但是随着文明程度的提升，聪明似乎在增加，勇气却在衰退，以至于到了今天不少人甚至开始崇尚"娘娘腔"了。

很多人谈起美国时，总是在讲它的科技、金融和民主制度。其实在这些方面中国并不逊于美国，中国的体制和文化有自己的特点和长处，很难讲哪种体制和文化更有效——几十年来中美差距的缩小就是证明。但是，美国人体现出的勇气常常是现在的中国人需要的。美国是一个尚武的国家，他们不会觉得军人是"丘八"[①]，而是一种荣誉。这个传统一直保留至今。

珍珠港事件后，林登·约翰逊当时贵为联邦众议员，主动要求到前线服役，并且参加了太平洋战争。在一次战斗中，他所在的轰炸机被击毁，8名军人只有他一人生还。

约翰·肯尼迪和他的大哥小约瑟夫·肯尼迪也参加了太平洋战争，后者牺牲，而约翰·肯尼迪的军舰曾经被日军击沉。他咬着一名伤员的救生袋，带着后者在水中奋战了14个小时后才逃到了荒岛上。

类似地，老布什当时贵为参议员的公子，参加了海军，并执行了58次对日作战任务，最后捡回一条命回到美国。在二战后美国的13位总统中，只有克林顿和奥巴马完全没有服过役或者接受过军事训练（包括民兵）。现在大家已经远离了战争，但是很多美国人在平时表现出的勇气还是很让人敬佩的。

一些人谈到勇敢，把它单纯理解为爱冒险，甚至使用暴力，这和真正的勇敢是两回事。苏轼在《留侯论》中说："匹夫见辱，拔剑而起，挺身而斗，此不足为勇也。天下有大勇者，卒然临之而不惊，无故加之而不怒。"所谓勇敢，应该是不怕危险和困难，果敢行动，办成别人不能干也不敢干的事情。

[①] "丘八"这两个字（上下）合在一起就是一个"兵"字，它是指当兵的人，这是以前对兵痞的贬称。

格 局

我刚到美国不久,一位女同学给我上了一堂课,告诉我什么是勇敢。

系里研究生休息室的冰箱坏了一段时间,虽然有学生向系里反映,但是这种小事系里并不上心,后来坏了的冰箱成了一些同学的书柜。

和我一同入校的一位叫瑞秋的女生主动找到系办公室,要求系里重新买一台冰箱,解决一些带饭的研究生储存食物的问题,可系里还是敷衍。于是,她一边直接将系主任堵在办公室门口陈述要求,一边在同学中募款(每个人5美元),准备购买一台新冰箱。最后,系主任看到需要学生自己筹款买新冰箱,觉得没有脸面,干脆从系主任基金中出钱给大家买了一台。

在接下来的几年里,凡是有不公平的事情发生,瑞秋都给大家出头儿。那些别人都不愿意反映的意见,她都会反映。这个和我在同一个课题组的小女生在困难面前表现出的勇担责任、果敢行动,在无形中让我变成了一个还算勇敢的人。

勇敢体现在生活的很多小地方,并不需要真像班超那样去涉险。

几年前我在故宫参观，看到每个殿里都放着不能用闪光灯拍照的说明，但是没有人遵守。我向周围用闪光灯拍照的人一一说明，要他们关上闪光灯。其实游客都很懂规矩，讲了之后，他们就遵守了，问题显然出在站在一旁的管理员身上。我把她叫过来，指出她的失职，开始时她不以为然，觉得管那些事情没必要。

我让她把上级叫来。我直接和她上级讲，在世界主要博物馆中，不让拍照就不能拍，不能用闪光灯就是不能用，所有员工都能尽职尽责地维护规则。像他这样疏于管理，下属疏于尽责，是渎职的行为。他听我说得有道理，只好道歉，表示改进。我知道他可能转过身就把这件事忘了，但是，如果社会上多一些勇敢的人，社会可以变得更好。

具有勇气不仅对社会有利，对我们自己也有好处。很多人都在想怎样成为精英，或者让自己的下一代成为精英，具有勇气对于实现这个飞跃非常有帮助。很多人想成为欧洲过去的那种贵族，其实，这个群体已经不存在了，但是他们精神中的勇气是重要的一项。

5
心智的成长

在同一环境中长大的孩子，无论是从家境、早期受到的教育还是从机会上看，都差不了太多。由于父母的层次差不多，这些人在智力上也没有太大的差异。但是经过一代人的发展，他们在生活水平、个人成就、家庭幸福等各方面会出现巨大差别，造成这个结果的原因主要在于每个人不同的成长经历。

成长首先看环境，而在环境的因素中，首先且最重要的是家庭环境和朋友圈，其次要看自身做事的原则和方法。天天做冒险的事情，早晚有一天会付出失败的代价，而太多的失败则会导致习惯性失败。相反，永远待在舒适区，只会让人无法成长。每个人的成长，最终是在边界内最大程度上把事情做好。

每个人心中都有一个超级英雄

为什么《三生三世十里桃花》《花千骨》这类玄幻剧会热播？一些人觉得这类剧是"大 IP（知识产权）"，还有"小鲜肉"演员可炒作。但是，一两部剧热播可能是炒作，连续几年很多部剧都在热播，就有更深层的原因了。很多过了 40 岁的人难以理解，为什么 20 多岁的年轻人喜欢看这些不着调的影视作品，还把这种现象归因为"代沟"。

"十几岁的孩子"这个群体在生理学上和社会学上是非常特别的。在中国，一般把他们称为青春期少年。"青春期"这个词褒义成分比较多，并没有贬义，至少是中性的。但是在英语中，与"青春期"对应的英文 teenage 是一个含义特别丰富的词。它可以表示青春，但还意味着躁动不安、叛逆和迷茫，褒义的成分少，贬义的成分反而多。有一本书叫《麦田里的守望者》，里面既没有描写爱恨情仇，也没有丝丝入扣的悬念，但几十年来一直畅销，原因就在于它写出了一个萌动少年在青春期的迷茫。小说主人公的理想是把孩子从成年人的世界里拯救出来。最后，这位迷茫的少年并没有找到自己的出路，而是回归到原来的社会。

在中国，似乎没有想当麦田守望者的少年，但是几乎每一位少年都有当英雄、当超人的梦想。那些玄幻剧中的角色，恰恰满足了少年们当超级英雄的梦想。无独有偶，英国的《哈利·波特》，美国的《指环王》《钢铁侠》《蜘蛛侠》《变形金刚》等，都有超级英雄的角色。

在我的童年时代，我和身边的男孩子几乎毫无例外地都想成为孙悟空。因为孙悟空有超能力，可以呼风唤雨，上天下海，而且我行我素，想干什么就能干什么，三句话不合就动起手来。再加上他颇有智慧，每次都能化险为夷，更是满足了那些想做事却做不了的男孩子的心理。如果在小学排演《三打白骨精》，所有人都想演美猴王，不会有人想演猪八戒，因为扮演那个又丑又懒、肥头大耳的"猪"简直是一种惩罚。至于唐僧，则被看成一个善恶不分的蠢货；而沙僧则是可有可无的配角。至于女生，虽然不想成为孙悟空，但是往往希望自己的意中人是像孙悟空那样无所不能的人。从本质上讲，孙悟空和哈利·波特、钢铁侠、蜘蛛侠，甚至风流倜傥的白子画没什么区别，只是后面这些角色被加入了一些现代人的价值观罢了。

但是，当孩子们进入高中，不得不为考试发愁时，基本上就淡忘了孙悟空。等上大学有娱乐的时间了，再看《西游记》，就发现孙悟空不那么可爱了。据网上对年轻人的调查显示，女孩子心目中的理想情人居然变成了猪八戒。因为他喜欢美女，嘴甜，会拍马屁，顾家，出身好，是天蓬元帅下凡。唐僧也很受欢迎，因为他被贴上了"目标明确，意志坚定"的标签。一些脱口秀的名嘴无一例外地肯定了唐僧是四人团队的灵魂。就连沙和尚都被很多女生认可，因为他很可靠，至于配角的身份并不影响这种认可，反正不可能人人都成为主角。同样的道理，人过了35岁，往往很少相信世界上有完美的男人——不仅生活和工作中无所不能，而且既是情圣还用情专一。

不仅中国的孩子爱做梦，美国的孩子也一样，否则好莱坞大片里不会有那么多超级英雄，他们都是美国文化里的"孙悟空"。中国的男孩子会在地上随便捡根棍当金箍棒，美国孩子会抄起家里的锅盖当美国队长的盾牌，把浴巾当超人的披风。美国的玩具店里，到处都是超级英雄的道具。可等到十几岁时，那些孩子就在自家的车库外摆摊，将这些玩具卖掉，25美分（市面上硬币中面值最大的一种）一个，甚至直接送给路过的孩子，告别对美国版孙悟空的崇拜。

一个人成长的过程，其实就是逐渐"杀死"心中那些超级英雄的过程。如果哪个大学生像孩子一样流露出对孙悟空的向往，周围的同学不会夸他是个"老顽童"，反而会嘲笑他，女生则会对他嗤之以鼻。年纪更大一些的人则会嘲笑那些痴迷白浅、夜华等虚构形象的人。如果我们愿意多想一步就会发现，同一个孙悟空，小孩子和十几岁的青少年对它的认识都不一样，我们又怎能否认代沟的存在呢？

仰望星空,脚踏实地

"代沟"这个词恐怕算得上社会学中出现频率最高的一个词了,但是大部分长辈,特别是十几岁孩子的父母是不愿意接受它的。有趣的是,认为自己和父母间代沟最大的,恰恰是十几岁的孩子。他们一旦和父母意见不合,常常不分谁对谁错就甩下一句"我们有代沟",仿佛一切问题都可以因此掩盖起来,而他们的父母则认为是孩子不听话。

那么,到底是孩子错了,还是成年人错了?是孩子进步了,还是成年人退步了?大部分成年人会觉得孩子太傻、太天真,等他们长大一些就会明白事理,就如同曾经想成为麦田守望者的那个男主角。如果父母抱有这种想法,和青少年的沟通就会变得极为困难。父母应该想一想,绝大部分成年人都曾有过自己孩子当下的梦想,虽然不同时代的超级英雄有可能不同。比起责怪孩子,

格局

父母更应该反思自己是如何梦碎的。

梦碎的第一个原因是许了很多不切实际的愿,让孩子做了不切实际的梦。大部分家长总是在孩子小的时候给他们描绘一个超级美好的未来,设计一个不切实际的人生。比如,告诉孩子只要好好学习,就能有出息。但是,哄孩子读书容易,兑现将来的承诺却不是家长和老师能办到的。孩子最终能走多远,不取决于父母给他们描绘的承诺,而更多地取决于他们自己在不停往前走方面有多大的意愿。

在美国,很多食不果腹的非洲裔孩子从小被告知自己是天使。其实大家都清楚,没有人真当他们是天使。很多孩子小时候就有做总统的梦想,到了中学,这个梦想就变成了当NBA(美国职业篮球联赛)球星,可真正成为NBA球星的人实在太少。在美国,人们都认可好孩子是夸出来的,但是夸孩子的目的是让他们有意愿自己往前走;否则,仅仅对孩子做出夸张的肯定,而不花精力培养他们,是没有用的。这就如同一个在班上总是考60分的孩子,如果家长和老师不断地告诉他,他是班上最聪明的学生,这对他不仅没有帮助,反而有害。类似地,在中国,每一个小学生的家长都假定自己孩子的智力水平是班上的前5%,并按照这种假设教育孩子,逼孩子参加奥数训练、思特盟(英语STEM的译音,即科学、技术、工程和数学四个英文单词首字母的缩写)的培训,还要孩子培养一堆兴趣。最终有一天孩子发现，一台戏只有一个人能当主角，自己能当上配角就不错了。

相比之下，犹太人教育孩子的方式要现实得多。我的女儿小时候是在家门口的犹太幼儿园接受的教育。让我吃惊的是，那家幼儿园不允许孩子穿超级英雄或者公主和王子的服装。老师给的理由是，要让孩子从小就知道没有超级英雄，也没有童话中的公主和王子。告诉孩子，世界不是他们自己设计的，今后的一切都要靠他们自己努力。这是缩小代沟的第一个办法。

成年人一方面让孩子相信超级英雄，另一方面自己却不相信，这实在有些矛盾。其中的原因，很大程度上来源于成年人自己的挫败感。我们绝大部分人的成长是一个不断受挫的过程，就如同《麦田里的守望者》中的男主角。人在经历挫折又无法彻底解决问题之后，会越来越认命，放弃越来越多想要的东西。相比之下，亚历山大、拿破仑、乔布斯和马斯克，这些现实生活中的超级英雄虽然也受过挫折，但总体来讲他们是从一个胜利走向另一个胜利，这使得他们依然保持着雄心壮志。因此，缩小代沟的第二个方法是，与其直接"杀死"孩子心中的超级英雄，不如让他们的梦想多延续一段时间。

我们常说失败是成功之母，但是在我看来，这句话最多说对了 10%。失败的原因往往有很多种，而成功道路的数量就极少了。知道"1+1 不等于 3"，并不等于知道"1+1 等于 2"，因为除了 3

不是答案之外，4、5、6……都不是。对那些仅仅满足不失败的人来讲，失败的教训可以让他们避免犯同样的错误；但是对于想成功的人而言，失败的教训远没有成功的经验重要。一个经常失败的人会习惯性失败，相反，成功才是成功之母。失败是容易的事情，但成功却要经历千难万难。从失败中固然可以学到经验教训，但是效率实在太低了。更糟糕的是，过多的失败会让人丧失勇气，从此离心中的孙悟空越来越远。相比获得的一点点经验，失败的危害远比我们想象的大。虽然人很难做一件事情就成功一件，但总该尽量避免失败，这样才能少受挫折。

对家长来讲，让孩子避免失败的一个方法，就是在给他们想象空间的同时，制定一个切实可行的目标，而不是画完一张饼就不闻不问了。比如，在申请大学时，如果家长过分干预孩子的选择，结果常常事与愿违。但是，如果只给孩子定一个很高的目标，不帮助他们防范导致失败的明显失误，结果通常也不好。有些颇为优秀的孩子，遇到一两次挫败后，对但凡要经过申请、竞争才能得到的机会和职位会失去追求的勇气，那种挫败感让他们过早地放弃了心目中的超级英雄。

最终，大部分人会放弃自己心中的孙悟空，也没能成为超级英雄。这很正常，我们坦然接受就好了。凡人有凡人的幸福，超级英雄的结局未必都很好。每一个人的性格不同，强求自己做难以做到的事情，未必能幸福。苹果早期的董事会主席马尔库拉，他就是选择了凡人的幸福，放弃了拼命成为世界首富的机会。

对年轻人来讲，与其心中总想着孙悟空或者超人，不如做点儿实事让这些超级英雄在心里活的时间长一点。对成年人来讲，与其先给孩子们讲孙悟空的故事，之后又"杀死"他们心中的英雄，不如回想一下自己当年的心态，做点儿实事让自己从成功中获取信心。这样一来，代沟或许多少能够填平一些。

成就的量级之差

很多人问我,怎么能同时做那么多事情?其实我做的事情并不多,只不过成功率稍微高一点儿,每件事情多少有点儿影响力,别人就看见了。成就的多少至少取决于三个因素:做事情的速度或做事情的数量,每一件事的影响力,以及做事的成功率。它们之间是相乘而不是相加的关系。也就是说,事情做得再多,如果成功率不高、影响力不大,最后的成就就会很有限。

在上述三个因素中,做事速度能提高的幅度是有限的。在职业生涯中,一个人的效率比同行高出一倍就快到头了;但是成功率和影响力却有量级(degree)的差别,有时候不仅是几倍、几十倍之差,还有可能是天壤之别。

量级在数学上和计算机科学中有比较明确的定义。举例来说,如果一种增长是线性的,另一种增长是指数级的,它们就有量级的差别了。

在详细说明什么是量级之前,我想先介绍一个和它相近的概念——数量级。数量级每差出一级,数据相差 10 倍左右,比如个、十、百、千、万,就是数量级的差别。在投资和宏观经济中,人们比较注重数量级。如果两家公司收入水平相差两三倍,虽然有多和少的分别,但它们仍然处在同一个数量级上,是可以竞争的。如果在同一个细分领域,两家公司的收入水平差距在 10 倍以上,就不在一个数量级上了。小的那家公司想和大的公司竞争,是非常辛苦的。

量级则是比数量级更大的概念,随着规模的扩大,差异也越来越大。不同量级在静态上的差异,就好比芝麻、橘子、西瓜、大象、大山、地球、太阳、银河系和宇宙彼此之间的差别。

量级的不同带来的另一个巨大差异源自动态放大效应。很多事情在规模比较小时,人们看不出量级之间的差异;但是等规模发展起来,差异就可能大得惊人。在过去的 200 多年里,美国股市每年的复合增长率接近 8%。如果你在华盛顿就职总统时投到美国股市 1 美元,现在能变成大约 2000 万美元。但是,如果投资只是线性增长,本金不变,每年派息 8%,200 多年之后,1 美元只能变成 19 美元,这就是增长上量级的差别。这个差别在前 10 年是看不出来的,因为复合增长和简单增长的结果分别是 2.16 美元和 1.8 美元,差别并不大。要预见两种不同增长方式最后会导致的量级上的差别，靠的是经验和见识。

在工程中，针对小规模问题的解决方法常常不适用于大问题。很多年前，我在腾讯工作时，一位工程总监向我抱怨手下的一名软件工程师，为了偷懒少写代码，居然在程序中使用计算效率很低的冒泡排序方法。那个工程师还狡辩，说程序运行时间差不了多少。这位总监汇报的情况在工作中具有普遍性，因为我们生活在很小的世界里，通常对大的数量没有概念。于是，我让那个总监把工程师带过来，我和他们一起聊一聊。

我当着总监的面对那个工程师讲，如果只是对班上几十个同学的成绩排序，采用效率低一点或高一点的方法差别不大，无非是一千次计算和几千次计算的差别。但是，对上万个数字排序时，就是几百倍的差异了。如果对全中国的老百姓排序，就是几百万倍的差异。现在大数据的数量可比中国的人口多得多，如果方法不同，差异会大到难以想象。

听了我的话，那个工程师觉得很不好意思。我安慰他，能预见两种不同方法最后会导致量级的差别，是需要经验和见识的，不必自责。但是，想成为一个优秀工程师，就需要养成关注量级的习惯。在计算机科学中，采用两个不同量级的算法做同样一件事情，运行时间有的可以长达人的一辈子，有的只需要几分钟、几秒钟，差别就是这么大。

有了对量级感性的认识后，我们来看如何把个人成就最大化。

在决定成就的三个因素中,不同人做事速度的差异最多是几倍。很多人觉得差几倍已经不少了,但问题是,另外两个因素有量级的差别。

先来看成功率,它从接近100%到近乎0都有。很多人觉得10和1的差异比1和0的差异大,因为前者的差异是9,后者是1。但是从量级上看,10和1的差异是几倍之差,有办法弥补;1和0的差异则近乎无穷大。假如一个人匆匆忙忙做5件事,却一件都没有做好;另一个人专注做一件事,但是做成了,后者的成就是前者的无穷倍。人这一辈子,不在于开始了多少件事情,而在于漂亮地完成了多少件事,这一点我在前文提到过。

另一个有量级差别的因素是影响力。

我们看一下新浪微博中每个人的追随者(粉丝)数量,就会发现,从最多的1亿人左右,到最少的几个人之间,差了7个数量级,这就是量级之差。有人可能觉得,微博中粉丝最多的"大V"[①]往往以娱乐明星为主,具有明显的倾向性。那么,以客观算法确定的传播影响力应该更具有公正性。谷歌的网页搜索算法依赖于PageRank的技术,它可以客观估算一个网页中特定关键词查询结果贡献的度量。对任何一种信息查询而言,大部分的个人网页、具有影响力的媒体或者专业网页之间,都能差出好几个数

---

① 大V是指微博平台上获得个人认证,拥有众多粉丝的微博用户。

量级。即使同为专业网站，一个普通医院的网站，和约翰·霍普金斯医院、麻省总医院的影响力比，会差出上万倍。

影响力差别的动态范围不仅在网络上是巨大的，在实体经济中也是如此。如果看一下全球各品牌手机的实际利润，2017年，排名第一的 iPhone X 是排名第十的 iPhone SE 的 38 倍左右（分别占了全世界手机利润的 35% 和 0.9%）。而全球利润排在前十名的手机中，除了有两款是三星的，剩下的 8 款都是苹果。也就是说，从对行业利润的贡献来讲，绝大部分手机可以忽略不计，这还不算很多卖都卖不出去的手机。

类似的情况还有很多。一些大学花了十几年时间，在云计算或者人工智能方面发表了上百篇论文，加在一起还抵不上谷歌的杰夫·迪恩一篇论文的影响力。一万块广东产的电子表，价格都抵不上一块百达翡丽的手表。全球的安卓手机上有几百万款游戏，把排名在 100 位之后的所有游戏加起来，玩家的数量还抵不上腾讯一款热门游戏，更不要谈收入。

对一个人来讲，如果一辈子非常努力地做了很多没有影响力的事情，还不如认认真真做好一件有一定影响力的事情。一些游戏工程师向我诉苦，说在美国像他们那样最底层的游戏工程师，一个月的收入只有 800 美元左右，远低于贫困线，还不到打扫卫生间的清洁工收入的 1/3。我觉得原因很简单，全世界有上百万款小游戏没人玩，那些大量处在长尾位置的工程师和其他游戏从业者所做工作的影响力近乎为零。但是，中国有一些游戏的设计者和主要开发人员，一年的收入能达到上亿元人民币，说明他们做的游戏收入有数十亿元。同样的游戏开发团队，就算拼了命地赶进度，开发的游戏数量是原来的两三倍就到头了，也就是说，做事速度最多差几倍，但是，所做事情产生的影响力却有量级之差。

国内很多创业公司一味追求速度，一个工程师一年写的代码有时是谷歌或微软工程师的两三倍。但是据我的观察，国内大部分工程师写的代码的生命周期都超不过三个月，而且除了他们自己以外，很少有人愿意使用。这样的工作，影响力就很有限。而在谷歌，有些经典代码的生命周期在 10 年以上，而且绝大部分项目都在使用这些代码。这就产生了量级的差别，两者成就孰高孰低显而易见。很多时候，并非工作越忙越有成就，而是要注意自己做事的成功率，争取每做一件事都能产生一些正向效果，为将来做更大的事打基础。

最后，重要的话要重复，成就＝成功率×影响力×速度。同时改变公式中的三个变量是很难的，更好的做法是一次提高一个，滚动前进。

如何脱离低水平勤奋

理解了量级的概念后,有见地的专业人士和普通人在处理不同量级事情上的态度就截然不同了。

把小量级和大量级的东西放在一起,前者必然被忽略掉。对大部分人而言,10001＞10000。一个人有了1万元,再给他1元,他也会拿着,因为蚊子虽小也是肉。但是对合格的专业人士来讲,10001和10000是一回事,他们不会做画蛇添足的事情。这就如同一个橘子再加上一粒芝麻,和原来的橘子相比没有什么差别一样;有时候,多看芝麻一眼,反而可能把橘子丢掉了。

几个小量级的东西放在一起,远比不上一个大量级的东西。一个无籽西瓜重8公斤左右,抵得上200万粒芝麻的重量,这就是十几把芝麻的重量都比不过一个西瓜的原因。在计算机领域,一个好的科学家和工程师,会想方设法从量级上改进方法,因为这样的收获是几百倍、几万倍，甚至更多。而只有上进心、没有学到工程思维的工程师，则要每天挤时间多工作一小时，去做重复性的事情。要知道，一粒芝麻和一个橘子相比差得可远了，更无法和西瓜相比。

一个优秀的专业人士在做事之前，会梳理出一个做事清单，按照重要性和影响力的量级排序，然后集中资源把最重要、影响力最大的事情先做完。至于无关紧要的事情，可能直接从清单上删掉。没有经验的人则是什么事情先来就先做什么，以至做了很多费力而没有影响力的事情。

一个喜欢做"山寨"产品的产品经理，总是试图省几分钱的成本，目的不是多卖产品，而是让自己做的产品只卖正牌产品一半的价钱，甚至更低。真正优秀的产品经理，懂得在细节上做1%的改进，让产品的品质高出一个数量级，这样不仅能够增加很多利润，而且能占领更大的市场份额。比如，苹果计算机所谓的视网膜显示屏，成本比一般的显示屏高不了10美元，但是它不仅可以让计算机多卖100多美元，而且用户的体验好了不止一倍。这其实是增加了"芝麻"的成本，换来了"橘子"的效果。

做事的多少最多不过是几倍的差异，但做事的质量以及随后带来的影响力可以达到量级之差。想明白这一点，就不妨换一种工作方式，多做一些有影响力的事情。当然，这不是让大家好高骛远，否则成功率永远等于零，会一辈子一事无成。根据我对清华大学上一辈和与我同辈的老师的观察，我发现他们之中一辈子做不出成就的人并不少。这并非因为他们对自己的要求低，只做简单的事情，反而是因为自视过高，不愿意从小事踏踏实实地做起。一事无成后，那些人无一例外地觉得自己怀才不遇。即便是聪明人中的聪明人，如果好高骛远，成功率也会降为零。再大的数乘以一个零，结果还是零。

职业起步时，大部分人都是从小事做起的。而且因为不熟练，做事速度通常比较慢，甚至连一点儿小事的成功率都不高。但是没有关系，能够带来量级变化的函数并非一开始数值都很大，而是随着时间的推移越变越大。人也是如此。任何人脚踏实地做一件事情，一段时间后，成功率会提高，效率也会提高，接下来就需要提高做每一件事的影响力。有的人能够随着年龄增长而成长，有的人30岁就遇到了天花板，所以，成功不在于是否努力多做两件事，而在于能否跃迁到更高的量级。

我在前文写到了引导我做生意的张国贤先生，如果没有他让我体会到量级的区别，我或许一直满足于小富即安的日子。在生活中，能够"小富"的人常常容易"即安"。我的朋友鲍比（化名）是一位美国的天使投资人，他曾经成功地投资了领英公司，按说应该很成功。但实际上，这位从20世纪70年代就开始做天使投资的投资界老兵，直到今天都没什么人听说过他，因为直到今天，他对每个项目投资的规模依然在10万美元左右。所幸的是，由于有领英这个"本垒打"（投资回报超过50倍的项目，通常被称为"本垒打"），他每一轮投资的总回报率在200%左右。有的人可能觉得这个回报率不低了，从比例上来看确实不低，已经超过硅谷地区风险投资的中值水平。但是，由于他投资的规模太小，分得的利润非常少。我曾经计算过，他每年也就挣20万美元左右，还不如谷歌或脸书一个刚入职的博士毕业生挣得多。

这位投资人常常自豪地跟我讲，他给很多公司写出了第一张支票，其中不少公司最后上市或者被收购了，以显示他的眼光好。但我心里想，作为一个老兵，还经常写"第一张支票"，这不是荣耀，而是耻辱。就如同一个战士打了一辈子仗，还在津津乐道最近一次亲手杀敌一样。在硅谷，像他这样的早期投资人非常多，即使投资成功，也不过是混口饭吃。相比他们，真正有成就的投资人，起初的投资结果并不比他们更好，但是投资规模逐渐增加到几十万、几百万、几千万，甚至上亿美元。1亿美元获得20%的回报，远比10万美元获得200%的回报多得多。

提升量级不仅需要时间，还常常需要在关键时间点实现跳跃。我在国内有一个朋友，他是企业的金牌培训师。他很擅长讲课，对商业有独到的见解，人脉很广，因此他办的企业家培训班起初很成功。但是在过去几年里，他的业务没有任何发展。在这期间他非常努力，还脱产到国外进修了一年，希望通过对新的商业和技术做进一步的了解，提升自己的业务水平和生意上的竞争力，但是效果并不好。

他找我分析原因，我告诉他，他必须做一个选择，是当张教授（化名），还是当张校长。俞敏洪当年也是一位金牌讲师，但如果他永远把自己定位成俞老师，即使课讲得再好，不过是挣一份辛苦钱，无非收入比一般老师高很多。俞敏洪最终成功地从俞老师转型成俞校长，这让他不仅可以通过企业的利润获取巨大财富和资本市场的认可，还开创了一个产业，这就是在量级上的突破。随后，我对那位朋友讲，如果他想实现身份的转型，不要总想着自己讲好课，而要学会当校长，才能从张教授变成张校长。如果他能把脱产一年的时间和努力花在学习如何成为合格的管理者上，他的业务发展要顺利得多。

这位朋友的情况其实颇具普遍性。我曾分析过，为什么很多明星媒体人创业都不成功，一个很重要的原因是他们没有完成从知名媒体人到电视台台长的转变。量级没有上去，最终只能在同一水平上重复。

对大部分人来讲，即使不从事理工科的专业，不投资，不创业，也应该明白量级这个概念。不要醉心于重复做很多影响力微乎其微的事情，否则即使再努力，也难以有大成就。

把事情做好的"三条边"

偶尔做成一件事并不难,有些时候仅仅是运气使然,难的是找到一些系统的方法,获得可复制的成功。为什么近代以来不断有发明创造出现,这和找到了系统性的方法有关。所谓最具普遍意义的通向成功的方法论,从根本上说,就是搞清楚做事的边界或者极限,搞清楚做事的起点以及从起点通向边界的道路。我把它们称为做事情的"三条边",把它们放在一起,会呈现出字母"Z"的样子,如图5-1所示。

图5-1中上下各有两条线,中间有一条斜线将它们相连,斜线下面粗上面细。接下来,我会解释这三条线的含义。

能力基线

下面一条线是基础,我把它称作基线。它可以被理解成直到

图 5-1 做事情的"三条边"

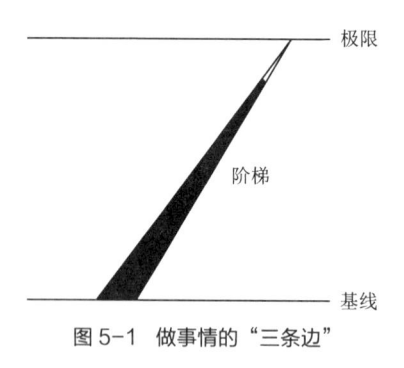

今天为止，人类掌握的科学、技术、工程和其他知识，或者理解成人做事情时要掌握的知识。对不同人来讲，这条线的高度是不同的。对一个专家来说，这条基线很高；对一个刚入门的从业者来讲，这条基线就很低。

我们做所有工作，都应该建立在这条线的基础上，而不是从它的下面做起，这一点很重要。为什么有一些民间发明家花一辈子时间搞出来的发明，除了让其他人笑话，没有什么实际价值呢？因为他们的起点远远低于这个时代的基线。

直到今天，我们在电视上还能看到一些励志节目，介绍几个民间发明家努力研制小飞机或者电动汽车的故事。电视台励志的本意固然好，但是那种不讲究科学、蛮干胡干的做法给年轻人传递了错误的信息。那些做法除了浪费时间和金钱，根本不会有什么结果。很多人花了一辈子时间，甚至用全部积蓄搞出来的东西，对社会没有任何意义。就算做成了，水平也太低了，而水平太低的原因是脚下的那根基线太低了。

假设研制飞机的专业团队所在的基线有三层楼高，北京航空航天大学发动机专业毕业生的基线是在地平线上，那么那些民间发明家的基线就是在地下三层。因此，做事情最有效、最容易成功的办法，就是先将自己的基线提高，而不是从地下三层做起。比如，通过学习达到北航毕业生的水平，也就是地平线的水平，而不是关起门来自己琢磨，花一辈子时间慢慢爬到这个水平。

有人可能会拿我前面讲过的莱特兄弟当反例，觉得他们在发明飞机前，也只能算民间发明家。这其实是一个误解，或者说是励志读物误导了读者。

当然，现在绝大部分人不会去当民间科学家或者发明家，但是很多人在工作中用的方法和民间发明家没有什么不同——都是立足于一个非常低的基线。要想把工作做好，首先要提高基线。

很多在专家看来是常识的知识——在工作中不需要太动脑子，拿来就能用的知识——对另一些人来讲就是高深莫测的新知。可以想象，二者谁更可能把事情做成功。

类似地，绝大部分散户在投资时，和民间发明家造飞机也没有什么不同，都是从地下三层做起。交了半辈子学费，是否能达到地平线的水平，还未可知。对他们来讲，更有效的方法不是自己到股市上交学费，而是接受教育，去正规的机构中历练。

我们接受教育的目的就是提高自己的基线。大学毕业就比中学毕业的基线高得多。大学毕业的人还会不断参加培训和学习，也是为了提高基线。很多时候，我不主张大学生退学创业，因为他们的基线太低。

理论极限

图 5-1 中最上面的那条线，是理论极限，也是无法突破的。我们可以认为这是造物主创造宇宙时留下来的，比如，光速、绝对零度、能量守恒定律，以及数学上的很多极限，等等。

专业人士和业余爱好者的一个差别在于，是否了解极限的存在。

举一个很简单的例子。为什么火电厂或者轮船上使用的涡轮蒸汽机的效率，达到 60% 左右后就无法再提高了？因为不论工艺如何改进，蒸汽能达到的最高温度是有限的，热力学中的卡诺定理限定了蒸汽发动机效率的上限。

有了这个理论基础，任何一个研究发动机的人，做起事来都不会异想天开，也不会问出"为什么蒸汽机的效率达不到 90%"的傻问题。但是，不知道卡诺定理的人就有可能去追求达不到的效率。

计算机有三个极限：在理论上，图灵机能解决问题的范围就是极限；在物理上，原子的尺寸（和在那个尺寸下电子的波动特性）就是极限；在系统设计上，冯·诺依曼系统结构也是一个极限。有人问量子计算是否能够突破计算机的极限？很遗憾，即便量子计算能够像理论设想的那样，将破解密码的速度提高百万倍，也依然没有突破上述三个极限，尤其没有突破图灵机的极限。当下，判定计算机领域伪科学的一个方法，就是看它是否声称突破了这三个极限。

攀登的阶梯

当然，有了基线，也知道极限在哪里还不够，还要有一个能够扶着向上攀登的绳索或者阶梯。

我还是用工程上的例子来说明。2008年北京奥运会的主体育场鸟巢，在工程上是一个了不起的建筑。如果早建20年，全世界都做不到，因为那时的基线太低。比如，技术上还做不到进行超大型规模的钢结构施工。到北京奥运会举办前夕，实现鸟巢的建筑基础有了，也就是有了一条基线。但是，要把鸟巢从图纸变成现实，还需要扶着一条"绳索"往上爬，这就是工程师的任务。

据鸟巢总工程师李久林先生的讲述，这件事并非一个简单的施工建设问题，而要从建筑工程勘察、结构设计到施工过程，加上施工技术管理、科技研发管理，建立一整套可行、高效的方案。这些方案就是我在图5-1中画的连接基线和极限两条线的斜线。

为什么这条斜线下面粗、上面细呢？因为靠近基础的部分，做的人很多，各种行之有效的方法也很多。而越往上，目标的难度越大，常常就没有太多的道路可供选择，甚至很多道路要靠自己探索，因此越来越细。

包括工程师在内的专业人士，做的就是找到或者编织出攀登绳索的工作。在生活中，这种思维方式其实普遍适用。

我有一位朋友（且称他为L君吧），他在国内投资界很有名。L君说他第一次融资的过程就是编织绳索的过程。L君过去在企业界颇有名气，在工程师里颇有感召力。因此，当他准备做投资时，金融界的很多人都表示愿意和他合作。

L君一开始很兴奋，但是谈了一轮后发现，大家其实都是指望用他的名气再去找别人融资，并不愿意把自己的钱交给他来投资。而且国内做投资的人常常有个毛病，口袋里可能连1亿元的现金都没有，就说要做10亿元的基金。几个月下来，L君见了不少人，基金和孵化器却还停留在纸面上。

这时L君感觉事情不对劲，他虽然目标明确，却不知道如何达到目标，总是在圈子外徘徊。后来他找到企业界的一位泰斗求教，那位老先生告诉他，他现在已有的经验、影响力和人望，构成了脚下的基础，这也是很多基金想拿他的名字去融资的原因。但是，因为他自己既没有管理过资金，也没

5 | 心智的成长

有创业经历,各家基金其实不愿意直接把钱交给他管理,这是他欠缺的一个基础,或者说是基线所在。

认清了自己的位置,看清了上下两条线,L君的目标就明确了。他要迈出的第一步是补足欠缺的基础,提升自己的基线。为了达成这个目标,L君需要有一条明确的通道。通道由一个个台阶构成,我们可以把台阶理解为行动步骤。通道之外的所有事情都不要做,无论有基金许下多大的承诺,他都不理会。L君在接下来的一个月里,重新圈定了融资目标以及要做的事情。在这个过程中,凡是不在他接近目标的通道上的事情,他一律回绝。最终,他根据自己的特长和影响力,从工业界(包括那位老先生那里)而不是金融界获得了足够数量的投资。

等到融资基本搞定,他又利用自己在工业界和媒体领域的影响力,聚集了一批年轻人。然后,开始做大公司需要却不愿意建团队做的项目,并且很快就有几个项目获得了工业界的认可。这样一来,他就把过去的天花板变成了后来的基础。有了新的基础,很多投资人就真的带着钱来找他合作了。此时,他其实已经把自己的基线提高了,当然也会看到头顶上更高的极限。有了这一次解决问题的经验,而且是可以复制的经验,他在近十年间,把事业越做越大。现在,他已经是中国最知名的投资人之一了。

格 局

我们常常会提到一个词：工程化。所谓工程化，就是依靠一套可循的，甚至相对固定的方法解决未知的问题。我把这种方法论简化成三条线，可能过于简单，但是便于记忆和操作。

专业人士通常有着良好的训练，下面的一条线基准较高，也清楚上面的一条线在哪里，缺乏的可能只是第三条线，即从下往上的那条斜线，他们要做的就是沿着那条线往上走。

找不到上下两条线，是蛮干、傻干；找不到第三条线，永远只能纸上谈兵。

避免失去朋友的方法

我们总希望朋友越多越好，因为人是社会动物，需要朋友。但是在现实生活中，我们会出于各种原因失去朋友。

失去的朋友大致有三类。第一类是因为人生经历的变化而无法维系关系的，比如毕业后渐渐疏远的朋友。毕竟一个人日常沟通的极限不过百十来个人，不可能和遇到的人都成为长期朋友。和这些朋友分道扬镳，可以说是命运的安排，不太会令人感到遗憾。第二类是因为交友不慎结交的假朋友，失去也不可惜。如果一开始少交这样的朋友，我们的生活会更好。第三类则是因为彼此没有处理好朋友关系而失去的，事过之后回想起来，常常会让人怅然不已。每个人能做的是设法避免深交第二类人，处理好和第三类朋友的关系。

朋友关系有很多类型，常见的可以归为三类：合作型、依靠型和暧昧型。第三类不是本文要讨论的,我会聚焦前两类。对不同类型朋友的期望值其实应该有所不同,设置错了期望值,是失去朋友的一个原因。

合作型朋友的关系

大部分朋友之间,或多或少都有合作的关系,比如队友、战友、同学、同事等。人类从远古开始,如果没有合作,就不可能在同自然界的竞争、同其他人种(比如尼安德特人)的竞争,以及部族的竞争中胜出。而要合作,就需要有付出,就需要放弃一些私心,牺牲自己的局部利益,谋求最大的共同利益。因此,付出和合作是这类朋友关系的基础,缺了它们,合作型朋友是做不成的。

合作型朋友关系破裂最典型的例子,是曾经同甘共苦的事业伙伴分道扬镳。我从 2007 年开始做风险投资至今,几乎每一年都能看到共同创始人闹翻的事情。实际上,调解创始人之间、创始人和投资人之间的矛盾,成了投资人工作的重要组成部分。由此可见,共患难的朋友关系非常容易破裂。

> 我有一次在外地做分享,晚上和另外一位分享嘉宾——一位成功的企业家共进晚餐。酒过三巡,他讲起了创业的伤心事。据他讲,他前一家公司有三个创始人,包括他自己。三

个人都是一起共事10年、认识20年的朋友。在公司初创时，条件非常艰苦，大家一起在地下室同吃同住，熬了4年，这样的经历按说快赶上过命的交情了。但是，等到公司即将上市时，三个人"撕"得一塌糊涂。最后，其中一个合伙人，以返还贷款的形式将他和另一个合伙人扫地出门。他创业近10年，除了拿到一些利息，什么都没得到，而那个坑人的朋友却通过上市获得了几亿元的现金收入。最后，他感叹道："在很多人看来，为了100万元坏了交情的事情不值得做，但是为了1个亿就值得去做，大不了一辈子不见面。"

我安慰他，中国很多明星公司，如果仔细看它们当初创立时的情况和发达后的情况，不难发现"撕"的痕迹。中国成功上市的私营企业，创始人之间、创始人和投资人之间，不"撕"的是凤毛麟角。不仅年轻、没有经验的创业者如此，生意做得很大，江湖上的"老油条"被人"撕"的也大有人在。甚至有些生活在同一个城市，在当地算是有头有脸的人物，照样为了利益断绝朋友关系。在美国，这种情况也好不了多少。脸书就是一个典型靠"撕"来获得控股权的公司，里面的细节可以通过电影《社交网络》了解。

很多人觉得，为了利益损害朋友关系的事情只会发生在生意场上，普通老百姓没有那么多的利益来往，朋友关系会单纯一些。

其实，任何带有合作色彩的朋友关系都会因为利益而受到损害，只不过商业上的朋友关系涉及的利益大，朋友关系坏起来快一些，外人看得明显一些罢了。在重大利益面前不讲情面、损人利己是人性的弱点。有些人受到自身道德和价值观的约束，做得好一些，朋友关系就能维持得长久一些；有些人毫无忌惮，朋友关系很快就崩塌了。

避免合作型朋友破裂的方法

避免合作型朋友关系破裂的有效方法有两个。

第一，将丑话说在前面，尽量避免损害友谊的事情发生，或者在发生时减少损失。根据10多年的投资经验，我发现很多发生"内部撕"的公司，在刚成立时就埋下了隐患。很多人合伙办公司是出于情怀，都不好意思谈股权、谈钱（这种情况既存在于创始人之间，也存在于创始人和天使投资人之间），觉得谈利益伤感情，或者随意承诺股权，觉得不慷慨换不来真心。这种团队，遇到困难时未必会出问题，但遇到巨大的利益时反而会分手。很多人等到被踢出局之后，才后悔当初没有先谈利益。谈利益不是一件可耻的事情，以谈利益伤感情为由坑害合伙人才是可耻的。

最经典的案例就是脸书的几位创始人和早期高管之间的纠纷——扎克伯格的几个合作者的股份被严重稀释。但他们的问题首先在于自身：当一个人在一个公司里拥有巨大财富时，需要盯紧自己的钱包，不要被身边的同事算计了。当然，扎克伯格最后并不是胜利者，因为他给公司植入了有毒的基因，之后的投资人不断找理由挑战他，多次逼他退出公司。

朋友一起做事，原本是一件好事，但结局常常是事情没有做成，朋友也做不成。这并非谁有失道德，或者人品有问题，"共患难易，共富贵难"本来就是人的本性。如果不想失去朋友，在一起做事之前最好把利益的分配讲清楚。对于大多数未必需要一起做事情的人，做朋友时要坚持原则，就如同合伙做事前分清楚利益一样。同事之间，哪些忙可以帮，哪些不可以帮，需要给对方一个清晰的预期，否则失去朋友是早晚的事情。

第二，不要跨维度地帮忙或者请求帮忙。朋友的合作关系是有维度的，不是全方位的，很多人不懂这一点。球队队友之间首先是一同打好球，然后是在生活上互相照顾。毕竟队友经常在一起，这是要仔细维系的关系。但是这种关系不适合一起做生意，因为那是另一个维度的事情。如果一定要一起做生意，可能最后连队友都做不好。

我从来不做亲朋好友的生意，也从不替朋友打理钱财，因为我和他们的关系是生意之外的维度。如果要跨维度做不该做的事情，替别人挣了钱，对方未必感激我；而如果我把别人的钱投亏了，可能连朋友都做不成了。因此，我对那些提出让我管理钱财的朋友说："很抱歉，我不能帮你这个忙，因为我不想失去你这个朋友。"

另一种因跨维度帮忙而失去朋友的情况是,轻易许诺自己做不到的事情。有的人在朋友请求帮忙时,明明自己做不到,又不好意思回绝,就先答应下来,最后交不了差,只好厚着脸皮表示事情没办成。这样的结果不仅让自己难堪,还可能坑了对方,因为让对方产生了并不存在的希望。这种事如果做过几次后,朋友就丢了。所以,把丑话说在前面为好。

过去,很多朋友托我给他们的朋友在谷歌找工作。我并不熟悉这些申请工作的人,因此我会根据他们的简历客观地进行推荐。而且,我会把丑话说在前头:"我可以帮助你的朋友递简历,但是谷歌每天收到的简历很多。而且在谷歌,任何人在招聘上都没有决定权,因此,我未必能帮上忙。"对于一些没有竞争力的人,我甚至会说:"从简历上看,他被录取的可能性极低。我只能帮忙把简历递上去,最后可能不成,你不要怪我。"由于我提前给朋友打了预防针,事情成了他们会感激我,即便不成,也没有抱怨过我。

依靠型朋友的关系

合作型朋友的关系得以长久维系,大多是因为双方都主动做贡献,而且在某些维度上有合作的基础。如果这种关系的定位超出了合作的维度,朋友关系就渐渐淡漠了。

当然,有人觉得自己和某人的友谊特别纯粹,不存在合作关系。我对这种人说过:"你所说的特别纯粹、惺惺相惜、毫不功利的友谊本身,就是一种功利,否则你不会把它说给我听。"这样的朋友其实我也有,我和他们的关系在某种程度上是一种彼此依赖,即前文提到的第二类朋友。尼采说过,除了神灵、野兽和哲学家,人都忍受不了孤独。摆脱孤独,就会有依赖朋友的需求。

世界上有一种关系叫作"闺蜜"。闺蜜有真有假,在现实生活中,大部分闺蜜其实是假的,并不那么纯粹。有些女明星在网上晒自己生日时和闺蜜的合照,等到她落难时,"好闺蜜"跑得比兔子还快。但是确实也有真闺蜜,张三对李四的好是无条件的,两个人在一起,穿一条裤子都嫌肥。这种关系通常没有什么功利因素,完全是一种依赖关系。

但是,这种看似单纯的关系,有些时候很难长久维持,不是因为谁自私,而是相互地位不平等。

10多年前,到美国的中国人还不是很多,一些女生到了美国后孤苦伶仃,就有一些好心的高年级女生主动照顾她们。有些人彼此保持距离,朋友一直做了下去;有些人关系太近,好的时候俩人就像一个人似的,但是很快就会出现不平等——男生对她们的态度不同,男朋友条件差距大,两个人的家境相差很远,将来就业的前景可能一个天上一个地下,等等。在这样的差异中,处于优势的一方可能非常想维系闺蜜关系,甚至愿意将自己的东西平分,但是处于劣势的一方通常会拒绝。这种不平等往往导致她们疏远起来。

意大利著名导演保罗·塔维亚尼曾经拍过一部叫作《早安巴比伦》的电影，讲的是安卓与尼古拉兄弟二人帮助电影大师大卫·格里菲斯拍电影的故事。两兄弟的父亲在他们离开意大利前告诉他们，两个人一定要平等。到了美国，他们在好莱坞事业有成，爱情婚姻美满，两个人完全平等。但是，尼古拉的太太死于难产后，他们不再平等，悲剧从此开始。

避免依靠型朋友破裂的方法

闺蜜的关系通常好不过亲兄弟，但亲兄弟之间如果条件不平等，难免也会有嫌隙。朋友之间不论地位如何，都需要平等地对待对方。否则，即便一方示好，关系也难以持久维系。一位生活在加拿大的朋友告诉过我，她有一个闺蜜，对她特别好。她每次回北京，那位闺蜜都会放下工作，特意从南方飞到北京见她。不仅请她吃最好的，和她共处一段时间，还给她带一堆东西。几年后，我再遇到这两个人时，她们已经很少来往了，因为她们之间经济条件的不平等造就了彼此说不出的别扭。如果定位成依赖关系，双方就需要平等。或许，那个条件很好的女生将自己的生活水准降低一些，降到我那个靠工资吃饭的朋友的水平，她们的友谊就能维持得更长久。所以，下嫁其实是一件很难的事情，下嫁的人不仅要接受来自另一个阶层的人,而且要放弃过去全部的生活,才能做到平等,才能维系长久的关系。现在,大部分私立中小学要求学生穿校服,不仅为了整齐好看,也是为了让不同家庭背景的孩子感到平等。

怎么看待借钱问题

有一件小事常常让朋友之间的关系变坏，那就是借钱，这其实已经踩到前文所说的跨维度做朋友的边界了。在欧洲和美国，朋友之间借一笔大钱的情况很少发生，因为从银行借钱或者用信用卡借钱并不难；更关键的是，大家不想彼此失去朋友。即便偶尔借钱，也有很清晰的合同，而且有第三方做见证或者公证。

可是，借钱这种事情在中国时有发生。据我观察，朋友之间借钱，通常只是打一个借条。人们不好意思写正式的合同，也不会找中间人做见证，或者找律师做公证。因为觉得这样做既没有必要，又伤和气。最后的结果是，由此发生的纠纷非常多。任何人在向别人借钱时，都显得特别诚恳，在诚意上可以说是超水平发挥；但是，很多人等到该还钱时就不是这样了。一些人甚至完全有能力还钱，却把还钱放到最低的优先级。双方的矛盾就是这样产生的。

很多人问我是否该借钱给别人，我的回答是，如果借出的数量不至于让你的生活受到影响，还是可以借的。但是，如果你只有 5 万元存款，对方要借 3 万元，你就要好好考虑了。至于小钱，虽然能否收得回来根本影响不到个人的生活水平，但处理不好依然会破坏朋友之间的关系。

假设一个朋友跟你借 200 元应急，过了一个星期，见了你三次，却一直不还钱。有时他会提一下："哎哟，对不起，又忘了给你带钱了！"而你通常不好意思要那 200 元。就算你去要，他会想：真抠门儿，这点儿钱还惦记着。两个星期后，他干脆忘了这件事。如果你不是一个在乎小钱的人，或许你们的友谊还能维持。但是，如果他两个月后又向你借 200 元，又重复前面的模式，你们的友谊就悬了。这种事情发生得多了，你即使不在乎那点儿钱，对这位朋友也会有看法。有了看法自然会流露出来，于是大家就有了隔阂。这个朋友即使有其他优点，你对他的成见可能也会妨碍你和他深交。

我还遇到过一种情况，借了小钱的朋友并不想赖账，但是总记不得还钱，见了我又不好意思。虽然我从不在意那点儿小钱，但是时间长了，朋友就不愿意见我了。我后来想，如果我没借出那点儿钱，朋友也不至于躲着我。在那之后，每次别人问我借小钱时，我都丢下一句话："如果你能想得起还，最好两三天就转账给我。如果两三天后还想不起，就不要还了，这点儿钱对我并不重要，免得你每次见了我都不好意思。"这个话说出去后，很多人会及时还我钱。这时我收获的远不止那点儿小钱，还说明别人对我的话非常上心。以后再委托那个借钱的人做事，他就知道我不是一个好糊弄的人。对于过了一星期才还的钱，我坚决不要，以显示我的原则，我其实更希望对方把我说的话当回事。通常，那些第一次借钱超时还我的人，第二次再问我借钱时，都会在第一时间还我，因为他们知道我是一个说一不二的人。

有些时候，借钱这种小事处理不好，特别容易让我们失去朋友。也正因为如此，莎士比亚说："不要借钱给朋友，你不仅可能失去本金，也可能失去朋友。"如果追究其中的根源，就是跨维度帮助人或者寻求帮助。

6
悲观与乐观

为什么有些人会成为悲观主义者？一个原因是，悲观主义的风格能减轻悲剧对我们的打击。悲观主义者时常会想，世界很糟糕。怀着这种想法，当悲剧或者厄运真的发生时，由于在预期之中，他们会觉得打击不那么痛苦。心理学家把这种现象称为防御性悲观。然而，悲观主义虽然能够减轻痛苦，却不能解决问题。悲观主义产生的另一个原因在于恐惧未来。虽然它促使人们小心谨慎，但会让人瞻前顾后，失去应有的机会。

我们的世界并非那么灰暗，即便有挫折，也是暂时性的。积极走向成功，享受成功的喜悦，才是我们应有的生活态度。

过分自信与过度悲观

不论形势是好是坏,总有人对我们的生活进行悲观的解读。对未来可能发生的灾难有防范意识当然好,但是用悲观主义(包括怀疑主义)的心态做事,弊要远远大于利。因为这种心态让人惶惶不可终日,难以专注做自己该做的事情,最后变得一事无成。还有很多人,因为对当下不满,对未来感到悲观,便生活在怀旧之中。等某一天推开门一看,世界已经完全变了样子。

一年夏天,我陪着家人在萨尔茨堡和柏林专门听了两周的音乐会,包括很多古典歌剧。我的小女儿问我:"为什么歌剧大多是悲剧?"我说:"悲剧才有震撼力,才抓得住人心。"事实上,这个道理不仅剧作家懂,科学家也懂。

如果一个人说世界正越变越好,其他人可能会嘲笑他天真、麻木,或者觉得这是老生常谈。20世纪90年代,著名经济学家朱利安·西蒙认为，悲观主义者都是杞人忧天。结果，他被骂成"老顽固""蠢货"。类似的例子不胜枚举。

相反，如果一个人说人类大难将至，说不定能获得诺贝尔和平奖。类似地，如果我说人类对全球变暖的担忧有些过度，会被骂成无知和没有责任感；如果我装出对海平面上升的担忧，会被认为有悲天悯人的良知。这刚好印证了哈耶克的那句话："（我们）对进步的善行怀有信心，反而成了心灵浅薄的标志。"

2018年初，我看到悲观主义盛行：民众和政治家担心贸易摩擦，经济学家发出各种警告，科学家一如既往地警告全球变暖。可是，一年过去了，天没有塌下来，甚至很多事情的走向和大家的担心是相反的，但是悲观的情绪依然在蔓延。如果悲观主义只停留在认识的层面就罢了，但是这样的心态对每一个人，乃至对我们的社会是有危害的。

为什么悲观主义会盛行？人的过分自信以及由此造成的与现实之间的反差，是导致悲观主义的根本原因。

看到这个观点，有人可能会反驳：过分自信不应该导致乐观吗？其实，人过高估计自己的能力，在现实生活中却得不到想要的东西，才会产生悲观情绪。有两个例子可以说明这个观点。

第一个例子源于一个社会学实验。实验者给实验对象一个看似并不复杂的机械装置，问如果没有说明书，他们拆了之后能否重新装回去，并且给这件事的难度打一个分。需要说明的是，这件事和教育水平没有太大关系。

在实验开始之前，有非常高比例的人觉得这不是难事，认为自己能装回去，因此打的难度分偏低。但是，最后真正能够将机械装置装回去的人的比例很低。至于能否成功地装回去，和一开始的自我评估无关。也就是说，一个人能否做成一件事，和是否有信心无关。

接下来，实验者又让实验对象给这项工作的难度打分。一开始认为自己能装回去的那群人，无论最后是否做成了这件事，第二次打出的难度分普遍高出很多。前后两个难度分的差异，既说明人容易过分自信，也说明对自身能力不切实际的判断与现实的反差，会让人感到悲观。相反，一开始觉得自己不能把机械装好的人，不论最后他们是否装好了机械，第二次打出的分和第一次一样高。这说明，如果对自己的能力没有太高的估计，就不会在失败后产生悲观情绪。

第二个例子是美国亚利桑那州立大学心理学教授道格拉斯·肯立克讲过的一个故事。他刚上大学时，发现校园里的女生美丽动人、身材健美，加上年轻人着装大胆，他觉得简直就像看到了一大群在海边沙滩上沐浴阳光的泳装美女。但是他的朋友大卫说学校里一个漂亮女生都没有，这让肯立克大惑不解。后来他到大卫的宿舍玩儿才明白原因，因为大卫的宿舍里贴满了《花花公子》封面美女的巨幅彩照。大卫不知道《花花公子》里的兔女郎不仅是万里挑一的美女，而且为她们拍照的摄影师是最好的肖像摄影师,用的是最高档的哈苏相机,摆的姿势也是专门请设计师设计出来的。这样拍出的一大堆照片,也挑不出几张足够好的精品放在《花花公子》的封面上。大卫的失望来自幻想和现实的反差。

在现实生活中,我们很多时候在内心对自己是高估的。一些读者问我:我们十年寒窗苦读,上了大学,快毕业了,才发现自己努力读书还是拼不过富二代和官二代,整个人都不好了,怎么办?我在《见识》一书中专门做了回答,标题是"这个世界没有欠你什么"。这种对世界、对前途悲观的看法,其实来自过分自信造成的自己的能力在想象和现实之间的反差。

十年寒窗苦读,上了一所还不错的大学,甚至过去一直是学霸,其实不是什么了不得的事情。很多被称为"高考状元"的学子,只是一个省的第一名。至于市、县一级的"状元",只相当于古代的秀才而已。所以,现在所谓的"状元",没有什么可自豪的。即便是古代那些闯过4关夺得状元的人,我们现在能说出名字的恐怕也就三五个。当了状元尚且不过如此,十年寒窗苦读,真不算什么人生的资本。没有资本,面对比自己想象中复杂得多的社会,自然很容易"整个人都不好了"。

相反,一个人不断往上走,眼界越来越开阔后,就越知道自己能力的边界,会越谦逊,越有敬畏之心,就不会再有不切实际的奢望了。这时人会变得豁达大度起来,反而对未来、对社会不再那么悲观。

被信息放大的悲观

通信和传媒手段越发达，被信息放大的悲观效应就越明显。

近20年来，每到夏天，我们就经常听说某条大河大江又遇到百年不遇的大洪水。人们就很容易得出结论，现在的灾难比以前多。随之而来的是各种猜测，比如全球变暖、三峡大坝的影响、厄尔尼诺现象、沙尘暴带来的蝴蝶效应等，可没有一个猜测能够被证实。

百年一遇的大洪水经常发生看似不正常，但如果知道全世界最长的100多条河流（长度超过2000公里）里，有20条在中国，每隔三五年就有某条大河大江发生一次百年不遇的洪水，就不奇怪了。洪水在过去也有，但是由于通信不发达，没有那么多人知道。20世纪70年代，驻马店地区的淮河发生过一次洪灾，死亡人数超过近40年洪涝灾害死亡人数的总和（据估计从2.6万至30

万人不等），只是过去没人知道、没人关心。更何况过去人口密度不高，人们的聚居地未必像现在这样离河岸那么近，因此对洪灾不是很敏感，记载也未必完备。类似地，在国外，近几十年的自然灾害并不比历史上更多。

媒体报道飞机失事，总是比报道公路交通事故要多，因此人们对乘飞机的恐惧被放大了。我在飞机上见过一个10岁左右的女孩，上了飞机就开始发抖。她妈妈解释道，她看到电视里的飞机失事，走不出恐惧的阴影。其实，全球每年因车祸死亡的人数是因飞机事故死亡人数的几千倍，但几乎没人害怕乘车，因为从来没有媒体觉得这类新闻值得报道。这正说明了媒体对人的影响。

为什么看似理性的学者要宣传悲观主义？原因很简单，宣传乐观主义观点的论文不仅没有人看，甚至无法发表。时间一长，讲这种话的人就被学术界淘汰了。这就涉及悲观主义诞生的第三个原因，即从信息论上讲，越是与众不同的说法信息量越大。

你可以试想这样一个场景，如果某个学者说明年经济形势很好，大众会觉得这和政府工作报告没有区别。大家都知道的事情，还有什么可说的。相反，如果某个教授说中国经济要崩溃，就算他年年说、年年错，但是年年有人听。"末日博士"鲁比尼便是如此，他说中国经济在2013年会彻底崩盘，全球各大媒体都在报道。从信息论上讲，重复先前的信息，或者讲一个众人都知道的事情，信息量为零；讲一个大家能想到的事情，信息量很少；讲一个大家意想不到的事情，信息量巨大。

可是，那些总说错的教授，是否能在学术界继续混下去呢？学术界本身就是一个讨论问题的地方，不是一个谁绝对正确的地方，因此大家对错误的容忍度还是蛮高的。我的一位同学在世界银行做到了很高的职位，他认为经济学家一定要有自己的观点，否则混不出头儿。至于经济学家如何支持自己的观点，无须别人担心，因为他们永远能找到支持自己观点的数据。

我有一位朋友是物理学界的新锐，针对量子霍尔效应发表了很多论文。他告诉我，如果一个人想在理论物理学界出名，那么众人都说"一"的事情，那个人一定要说"二"。我问他，这样一来结论不就错了吗？他说没有关系，关键要在逻辑上站得住脚，这样众人就找不出毛病。如果这个人很幸运，保不齐哪天大家原本以为是"一"的事情真变成了"二"，他就得诺贝尔奖了。

如果你仔细看看各种悲观主义的结论，会发现它们在逻辑上都很严密。比如，2008年，著名环保人士、马里兰大学教授莱斯特·布朗发表了对未来表示悲观的观点。他认为，如果每个中国人以美国当前的速度消耗纸张，那么到2030年时，14.6亿中国人需要使用的纸，是那时全球纸张年产量的两倍。这样一来，全世界的森林就没了。假设到2030年，中国每4个人就拥有3辆汽车——和当时的美国人一样，那么中国需要11亿辆汽车，而那时全球才有8.6亿辆汽车。为了提供必要的道路、高速公路和停车场，中国要给相当于全国水稻田总面积的土地铺上水泥。因此，到 2030 年，中国每天需要 9800 万桶石油。目前世界的石油产量是每天 8500 万桶，这个产量恐怕永远不可能再提高，所以，全世界的石油储备就没了。他的观点看起来很符合逻辑，但是，在 20 世纪 70 年代预言石油将在 20 年内用光的人的推理同样符合逻辑。

不能认为布朗的观点没有意义，搞研究的人其实一直在警示世人，这件事本身是有意义的。但是，这并非意味着他们警示的事情会发生。很多时候，并非学者有意误导，而是要想让自己的论文发表，他们的观点必须与众不同。可以想象，如果这位教授一直说中国的环境问题一定能改善，现在不仅不会有人知道他，他还很有可能评不上终身教职。

悲观主义横行还有很多原因，我就不一一列举了。上述三个原因，其实都来自人性的弱点。

是什么导致了我们的误判

悲观主义会导致很多误判。

拿着真金白银投资的人会有这样一种心态,他们看好未来时,会大胆地扩大投资;反之,他们觉得未来不确定时,会把投资都撤出来,变成安全的资产,并且逃到安全的地方去。两种不同的做法,经过几十年后,结果会十分迥异。

罗斯柴尔德家族现在在世界上的影响力连19世纪初的1%都没有,他们管理的资产连约翰逊家族管理的富达基金的1%都不到。是什么让这个在起跑线上领先几十公里的家族衰落成现在的模样?除了外在的客观因素,比如希特勒排斥犹太人,最重要的因素是他们没有把握住1870—1890年的美国工业革命。当时美国由于刚刚打完内战,南方经济已经完全被摧毁,北方则由于给予黑奴公民权而引起巨大的社会动荡。在之前的200年里支撑美国(以及之前北美殖民地)的盎格鲁—撒克逊清教徒价值观,受到了空前的挑战。在经济上,曾经占主导地位的以家庭和小作坊为单位的经济体,大多被以大机器进行生产的联合企业挤垮。在生活上,新工业带来了污染、城市拥挤和犯罪。看到这些,你难道不觉得末日已经到了吗?罗斯柴尔德家族的人就是这样想的,他们完全撤出了美国,回到了看似更有秩序的欧洲,最后的结果可想而知。

对未来简单的误判会让我们走错路,失去一些机会,但如果仅仅是走错了,还可以迷途知返,有弥补的机会。而悲观主义的危害要大得多,它会让人乱了方寸,对世界、对人的看法彻底错了,以致动作完全变形,无法纠正。

很多记者、心理学家、经济学家从不同的角度做过问卷调查:如果明天就是世界末日,你会做什么?除了一些人会选择和家人在一起、与家人告别、写下一生的事情外,很多人,尤其是年轻人会做这样几件事:

- 把挣的钱都挥霍光,该吃就吃,该玩就玩。
- 把自己的隐私、心里话告诉对方(或者第三方)。
- 找到自己爱的人表白。
- 强行和心中的"女神""男神"做爱,以图身心的满足。

通常情况下没有人会做这4件事，就算要做，也会很谨慎，因为后果无法挽回。尤其是第四件事，根本就是犯罪，即使逃脱了惩罚，也有罪恶感。但是，当人觉得世界大限将至时，想法就不同了，什么都不管不顾了。

另一项调查正相反，问的是：如果有1000年的寿命，你会怎样活？用什么态度去做事？做什么样的事情？受调查者的回答给出了两种他们通常没有的人生态度。

第一种是，因为有足够多的时间，只争朝夕的精神没有了，享乐主义的倾向远比现实生活中高。但是，他们在投资上和学习技能上会更有耐心，不会去做冒险的事情。

第二种是，因为有足够多的时间完成伟大的事情，他们会更有雄心壮志。

从这些调查结果可以看出，如果对未来没有信心，人难免会患得患失。"末日博士"鲁比尼在2007年卖掉了95%的股票，看似躲过了一劫，但是如果他随后的言行也是一致的，他现在拥有的财富恐怕依然是以现金的形式保留着，这让他错过了美国历史上时间最长的一次股市增长。事实上，现在美国股指已经是2007年之前高点的近两倍。

相反，巴菲特在过去的60年里，一直被认为是"死多头"[1]，

---

[1] 死多头，是指看好股市前景，如果股价下跌，宁愿放上几年，不赚钱也绝不脱手的股票投资者。

就是不论经济形势多么不好,他都说好,都在投资。很多人觉得,这才是他获得高回报最根本的原因。

类似地,在过去,对中国经济有信心的是房地产业的"死多头";而唱衰中国经济的人,认为楼市会崩盘。事实上,在中华文化圈内的国家和地区,经济腾飞阶段的第一代人,主要的财富来自在房地产上一次性的增值获利,而非工资收入。无论是早期的香港、澳门、台湾以及首尔,还是现在的中国大陆,都是如此。现在在中国一、二线城市生活的普通人,一辈子的工资加起来都不会比10年前"高价"购买的那套房子更值钱。照理讲,中国人是不该错失这样一辈子可能只有一次的机会的,只要稍微了解中国周边国家和地区的发展过程就可以做出恰当的判断,因为从时间上来讲,它们的发展进程比中国快了20~40年。但是,很多人依然错失机会,因为他们用悲观主义的眼光看待中国的发展,总觉得经济危机明天就会到来。过去的事情已经无法挽回了,对未来,如果相信中国的污染问题一定能解决,相信城市不会被海水淹没,这样的人会选择留在北京、上海和深圳。如果不相信这些,觉得在北京会得肺癌,觉得海平面会上涨5米,淹掉自己在上海或者深圳的住房,这样的人就会选择逃离那些城市。

怀疑主义的危害

悲观主义会将人变成怀疑主义者。事实上，悲观主义和怀疑主义是一对孪生兄弟。

当下的中国其实处于历史上最好的时代，但是依然有很多年轻人怀疑自己能否得到父辈们曾经拥有的机会，父辈则担心比自己教育程度高的孩子能否有发展前途。一些大中学生告诉我，他们觉得中学和大学教的内容没用，怀疑自己花了 10 多年学的东西最后派不上用场，打算退学创业。不想创业的人，则有不少觉得该早一点儿赚钱。这种怀疑主义也是悲观主义的典型表现，如果他们相信自己通过正常的教育途径学成之后会前途无量，就不会有这种怀疑的想法。

从 2017 年到 2018 年，各种基于区块链的虚拟货币泛滥，很多试图一夜暴富的人即使倾家荡产也要买那些毫无价值的"空气币"。这些人完全无法理喻，无论别人如何劝他们，他们都咬定一个理由：区块链等同于20年前的互联网，机不可失，失不再来。在这种思维方式的指导下，他们会在区块链项目中押上身家。其实这些人的逻辑很有问题，如果区块链只是一个转瞬即逝的机会，那它就不是新兴技术，而是末日技术，就不可能产生什么改变世界的影响力。如果它最终能改变世界，这个过程就不是一两天能完成的，通常会持续几十年。在这几十年里一直有机会，又何必在根本没看清楚区块链是怎么一回事的时候，就押上身家去赌呢？互联网从20世纪90年代初风靡世界，至今已经20多年了，依然能在10年前产生爱彼迎和优步这样的公司，能在几年前产生拼多多。当我们不怀疑未来的情景时，就不会急于一时做出判断和选择。

2018年，中国有一个关键词：焦虑。这其实反映出人们对未来的怀疑；如果没有对不确定性的担心，就不会焦虑。任何一个能够通过努力往上走的年轻人，特别是还待在学校里的年轻学生，如果能够想清楚人一辈子有几十年挣钱的时间，就会觉得相比日后的几十年，多在学校里花一两年时间不算什么。如果能利用好在学校的宝贵机会，踏踏实实地打好基础，将来可能会有一个更高的起点（类似前文提过的基线）。

反之，如果他们怀疑未来，就会觉得学了也是白学，要么在学校里混日子，要么急于做没有水平的创业。一个人但凡做一些看似毫不着调的事情，背后的原因都和对正规的途径失去信心有关。这就如同伍子胥讲的，日暮途穷，倒行逆施。

怀疑主义不仅影响我们长期的表现，还会影响我们在日常生活中的决定。现在要获取信息非常容易，但有时好事却变成了坏事。很多人宁可相信网上看来的信息，也不相信医院里的医生。他们会在诊室里指导医生开处方，这就是怀疑主义在作怪。类似地，很多人会怀疑专业人士的建议，相信自己道听途说的经验，或者怀疑别人的善意，把很多原本很简单的事情想得很复杂，甚至相信各种阴谋论。

悲观主义和怀疑主义本身是毒素，不仅影响我们每天的生活、长期的做事方式，还毒害我们的灵魂。恺撒说过，勇士只死一次，而懦夫在倒下以前已经死了很多次。很多人认定未来必须给所有穷人免费的食品和用度，否则穷人就生存不下去。这看似人道，实际上等于宣布穷人没有前途、没有希望，给他们注入了毒素，让原本可以通过自强走出贫困的人变得颓废，这也是悲观主义的害处。

我们为什么怀旧

怀旧是一个永恒的话题。事实上,一部分悲观主义的问题出在怀旧上。

怀旧这件事看似很浪漫,让很多人神往,歌曲中常常有"那过去的美好时光"之类的歌词。即便是我,也会在悠闲的冬日下午,点燃壁炉里的木柴,坐在客厅的沙发上,看着窗外的暖阳,享受着现磨的蓝山咖啡,回想着过去的好时光;或者在盛夏的黄昏,在宁静的橡树大道上,在微风中,享受着对过去好时光的回味。但是我知道,那只是抒发感情而已,过去远不如现在好,更何况过去的岁月永远地过去了。但是,并非所有人都像我这么认为,很多人真心觉得过去的世界更好,他们会一边读着徐志摩的《再别康桥》,一边流泪。

怀旧这件事的历史很久远,而且在中西方都有丰富的记载。

在中国，无论是儒家的孔子还是法家的商鞅，都认为尧、舜、禹的上古三代是黄金时代，成汤、文、武时期算得上是白银时代，春秋战国则是礼崩乐坏的时代。在古希腊情况也差不多。现在我们公认公元前8世纪—公元前5世纪是雅典的黄金时代，然而生活在那个时代的希腊诗人赫西俄德却在怀念另一个逝去的黄金时代。他认为上一个黄金时代的人们惬意而和平地栖居在大地上，拥有许多美好的东西，其实他怀念的不过是人人吃不饱的石器时代。到了柏拉图时，雅典正值伯里克利当政的巅峰时期，而这位大思想家依然梦想着过去的理想国。据历史学家的研究，柏拉图描绘的《理想国》的原型，很有可能是希腊文明的起源地克里特岛，克里特岛当时的文明程度比伯里克利当政时期的雅典差远了。

有人觉得，过去的人没有经历工业化带来的麻烦，那种怀旧只是无病呻吟，而我们现在是真的有问题。我并不否认工业化带来了很多负面影响，污染、拥堵、食品安全，以及快速发展带来的社会不公，但这些并不能说明过去比现在好。

很多没有亲历过从"文革"到改革开放初期这段岁月的年轻人，莫名其妙地认为那个时代更公平。他们觉得当时社会不分层，底层人群上升的空间更多，这种想法其实是臆想。那时的社会同样分层，底层的机会比今天要少得多。京东的创始人刘强东讲过，他小时候读的是村办小学，40多个同学里只有2个升初中的名额。还有人觉得过去吃的都是有机食品，现在的食品里富含农药化肥。

现在的食品可能不如过去安全，但是至少大家能吃饱。"文革"时，我在四川农村生活了很多年，深知当时农民的生活状况。他们面临的不是食品是否安全，而是能否填饱肚子的问题，甚至是能否不饿死的问题，哪里谈得上有没有阶层上升的机会。我家当时有4口人，父母在清华大学当老师，在当时的中国生活水平应该算是很好的，但也不过是勉强度日。到了发工资的前几天，常常不得不借债度日。"文革"结束后，我们回到北京，日子比在四川时好了很多，但是依然无法和今天相比。

过去燕京八景中有一景叫"蓟门烟树"，这个名字看起来非常浪漫，其实就是冬天的时候各家要烧煤炉取暖，煤烟绕着光秃秃的树干久久不散。远远望去，枯树干在似烟似雾中颇有意境。这个现象现在有一个大家不太喜欢但更科学的名称，叫作雾霾。

不仅中国人怀旧，各国人大抵都是如此。英国人有时会谈论维多利亚女王的荣光时代，俄罗斯人会回忆帝国曾经的辉煌，美国人会回忆二战后他们独霸世界的时期。但是，维多利亚时代的自然环境并不比现在更好，一方面工业化开始造成污染，另一方面农业社会的龌龊还没有洗尽，空气中弥漫着焦炭燃烧的硫黄味和粪便的气味。2018年夏天，我去离伦敦不远的巴斯，专门在简·奥斯汀笔下富人云集的伦敦后花园了解了一下18世纪英国上流社会的生活，发现当时的物质生活水平远不如现在中国的中产阶层。而俄罗斯过去最辉煌的年代，商店里几乎空空如也。美国的情况也好不了多少,半个世纪前,各类癌症、心血管疾病、中风的发病率和死亡率都比现在高很多,交通事故率是现在的两倍。

一些人不仅对当下的社会不满意,对新一代的年轻人也看不惯。很多60后和70后的家长谈起90后的"月光族"时,想到的是肤浅、自私、娇生惯养、好吃懒做、疯狂自恋,以及生活在虚幻的世界里。在古代,清朝的康熙皇帝和乾隆皇帝也是这样看待八旗子弟的,司马光也曾经痛心疾首地感叹世风日下。在任何时代,都有一批无所作为的青年人,同时也有一批有勇有谋、有胆有识的社会中坚。总体来讲,当下这一代年轻人的素质要高于他们的父辈。

进步就会伴随着得到和失去

怀旧本身没有问题,但是如果对当下的进步视而不见,就容易产生抱怨。有时候,好事情也会成为人们抱怨的原因。比如,各种短消息和社交网络分散了人们的注意力,降低了很多人的工作效率,手机和平板电脑让孩子近视的比例剧增。其实,没有手机时,这类抱怨也存在。柏拉图时代没有任何高科技产品,但他还是抱怨书写和记录摧毁了人们的记忆力。

目前,悲观主义者对工业化和科技进步最大的焦虑有两个:全球变暖和智能化。全球变暖暂且不论,单看智能化,这原本应该是一件好事,但是在悲观主义者看来,智能化意味着更加劳累,充满更多焦虑,以及很少和朋友见面的孤独生活。实际上,在工业革命开始的时候,劳累、焦虑和孤独生活就被很多人关注了,一直持续到今天。

很多人觉得现在的人上班比古人累，真实情况不是这样的。《明史》中记载了这样一件事，宣德皇帝朱瞻基有一年去给父亲上坟（谒陵），回来时路过昌平，看到几个农民在田里很辛苦地干活，便询问他们为何如此勤劳耕作。这几个农民并不知道他的身份，就如实回答，说自己一年到头播种、耕耘，才能收获稻子；如果偷一点儿懒，这一年的生活就没着落了。要养活家人，只能每天不停地干活。朱瞻基继续问："等到冬天，是否能歇一歇？"农民们回答："冬天也不能歇，还要服官府的徭役。"朱瞻基是历史上出了名的好皇帝，他统治的时期史称"仁宣之治"，当时老百姓的日子尚且如此艰辛，其他时候更是可想而知了。再往前，在新石器或狩猎采集的时代，人们每天的工作量比农耕时代只多不少。在那时，虽然人们常常在一起工作（其实是不得不在一起），但由于活动范围有限，见到的人远没有现在多，更没办法认识远方的朋友。

在智能化到来之后，人们整体的工作时间必然会缩短，更重要的是，人类比过去有更多选择做事的自由。在农耕时代，大部分人的工作就是种田；在工业化早期，大部分工人都在生产线上。就业多样化，不过是过去半个多世纪才有的事情。

无论是乐观主义者还是悲观主义者，都喜欢谈"转折"这个词，因为谈永恒和不变无法引起媒体关注。但是前者说的是机会，后者说的是厄运将至。其实，转折通常不是一两天就可以完成的，

格 局

事物发展是持续的过程。在这个过程中,永远有掉队的、被牺牲掉的,以及不愿意参与的人。但是只要积极参与,并且做得比其他人好,就容易成为受益者。更重要的是,转折到来的时候,船小才好调头。既得利益者因为负担比较重,反而容易瞻前顾后。因此,变化其实是给底层群体机会。

每次怀旧之后,从壁炉前起身时,我都会告诉自己,我们不仅无法回到过去,也不会习惯过去的生活,除了往前走,没有第二个选择。当然,想直接回到过去的人并不多,但是很多人的想法和做法从本质上看等同于生活在昨天,比如所有试图阻止或者放缓世界改变的人。我们在媒体上能看到很多人提出限制技术发展的要求,特别是限制人工智能的发展,向机器人征税,等等。在这些呼吁的人中,甚至包括已故的霍金等科学家。但是,任何试图回到过去的想法都是不切实际的。

在往前走的过程中,必然会失去一些东西,已经失去的就随它们去吧,不需要弥补,因为通常是补不回来的。我举一个自然界的例子。人类的任何活动都会改变自然,比如,我们的先人把一片森林烧掉变成了稻田,随后,生物界会在新生态环境的基础上实现平衡。当然,这种平衡未必是我们想要的,比如老鼠数量的剧增。如果我们试图把稻田填平,再种上树木,虽然会有一片新的森林出现,但是它的生态和原先的完全不同。过去的森林中有鹿有虎,恢复后的森林可能是野兔和狼的天下。所以,人类除了接受新的生态，别无他法。

社会的变革也是如此。中国经历了公有化以及后来渐渐产生的私有化之后，土地和其他资产的所有者并非以前的人或者他们的后代，甚至不是过去那些私有产业的经营者，而是新产业的所有者。现在，世界上依然有很多国家和地区，试图通过扶持过去曾经辉煌的产业振兴当地的经济，这是毫无意义的，甚至只能让它们背上更重的包袱。实际上，世界上实现第二次经济腾飞的地区的主要产业和第一次经济腾飞时的都不相同，这就如同新的生态和旧的生态不同一样。

了解历史，我们就知道悲观主义不是今天才有的，它几乎贯穿人类历史。但是，历史总在证明今天比昨天好，我们就不必太怀旧，更不必太恋旧。有些人问我，如果当初留在清华，现在会怎么样？我回答说，这个问题毫无意义，因为人要往前走，每一章结束了就翻过去了。对于未来会比今天更好这件事，我是有信心的。既然相信这一点，就要耐心地、按部就班地把每一件事情做好。

以正合，以奇胜

乐观主义者往往不会杞人忧天，安下心来把事情做好，自然就能得到想要的结果。面对一个不断变化的未来，做事的时候把握常态是关键。到底什么是常态，什么是非常态呢？

我认为，正是常态，奇是非常态。

孙子在《孙子兵法·兵势篇》中写道："凡战者，以正合，以奇胜。""奇"在这里和"奇数"中的"奇"字读音相同，含义相同，是指因不成对而多出来的部分（比如7个人或9个人排两排，总会多出1个人）。孙子这句话的意思是，作战，要先把正面的兵排好，排得不偏斜，合乎法则，这叫作"正"，如果这时还有多余的兵力，你就赢了。很多人把这句话理解为"出奇制胜"，那是以现代汉语的字义理解当时的语言。

历史上真正出奇制胜的战役很少，那些写进历史教科书的会战，常常是因为一方善于调动兵力，还能掌握多余的机动兵力，最后才能获胜。拿破仑在他最辉煌的奥斯特里茨战役中，就是靠巧妙调动兵力取胜的。当作战双方都处于胶着状态时，拿破仑手下还有贝尔纳多特一支完整的军队，而俄（俄罗斯）奥（奥地利）联军已经没有一支预备队可以投入战斗了，于是拿破仑大获全胜。这场战役的第一功臣是谁呢？并不是带领奇兵的贝尔纳多特，而是在正面以一军对抗俄奥联军的苏尔特元帅。事后苏尔特希望拿破仑封自己为奥斯特里茨元帅，说明他在这场战役中的功劳之大。

由此可见，即使在那些彪炳青史的事业中，正也是常态，奇是非常态。为人处世，成功的第一要素就是走正道，不要总想着出奇制胜，特别是在未来非常光明的时候。很多人总想抄近道，占别人一点儿便宜，觉得这样才能走得更快。其实这种想法只会导致不断兜圈子、走弯路。

我很反对弯道超车的说法。看过 F1 方程式赛车比赛的人会知道，能超车的弯道其实很少，但是只要车的性能好，车手的技术好，总能找到超车的地方。至于在马路上，到处是汽车，超车靠的是技术，技术不好，有再多弯道都没用。大到一个国家，中到一个企业，小到一个人，都是如此。

中国经济在 10 年内连续超越德国、日本，成为世界第二大经济体，并没有什么弯道的便宜可以占，而是靠中国人夜以继日地工作，各项工业指标稳步上升。而同时期的欧洲人和日本人大多在享福，在想着少做事情多拿钱，仅此而已。这就好比两台马力不同的车子在赛跑，一辆100多马力的捷达，不管领先多少，都会被500马力的保时捷超过。

类似地，华为超越朗讯、思科等公司，成为全球最大的电信设备制造商，靠的是产品性能越来越好，价格便宜，没有其他手段。在过去的20年里，通信设备的发展处于一个平稳时期，没有什么跌宕起伏，完全是直道。朗讯和思科被超越，是它们自己不思进取的结果。

如果你仔细观察那些常常谈论弯道超车的公司，再对比一下它们的目标公司，就会发现前者不仅没有实现超越，甚至常常连利润都挣不出来。同样，那些指望新的科技成就让学习变得更轻松，让工作、发展机会变得更多的人，也会被那些踏踏实实努力向前跑的人拉开更大的距离。

"以正合，以奇胜"这个原则应该是每一个人做事情的原则。

2018年高考前夕，一些高中生问我如何考好数学。其实考好数学的关键就是"以正合，以奇胜"6个字。

所谓"以正合"，就是把自己会做的题、该得的分，一分不少地得到。少得一分，就说明没有复习好、没有考好。所谓"以奇胜"，就是指自己平时做不出来的题，考试的时候做出来了，或者别人做不出来的题，自己经过思考做出来了。如果没有"正合"，只想靠出奇制胜，最好的结果不过是得了2分额外的分数，而该得分的题被扣了 20 分，坏的结果则是两边都丢分。

如果我们认定未来是光明的，就该堂堂正正地打正规战，那样成功就是大概率事件。因此，年轻的时候好好读书，毕业后努力工作，有了钱理性投资，是所有人立足的根本。当然，如果知道未来要遇到大灾难，比如发生了地震，一定要及时逃脱。生活在 20 世纪 30 年代德国的犹太人，或者生活在 20 世纪 70 年代柬埔寨、越南的华裔以及大量有产者，走正道就行不通了，他们就要出奇制胜，想尽办法逃离那些连命都不保的国家。很多人觉得走正道没有出路，是因为看不到走正道的前途，对未来没有信心。

我在前文介绍过幸福国度，无论是在哥斯达黎加、丹麦还是在新加坡，当地人都知道走符合当地价值观的正道，能保证个人成功，因此人们容易获得幸福感。未来的中国，也会是这种情形。

走正道很重要，但我们也得了解出奇制胜，这样才好理解它们的区别。有一个词叫"差异化"，很多人把它理解为成功的秘诀和保障。其实差异化本身只是手段，不是目的，目的是把事情做得更好。

很多人对差异化的理解有一个误区，认为只要不同就行了，就如同某些教授写论文时只想标新立异。其实，差异化有好坏之分，而大部分时候是坏的。人类在解决问题时，总是不断找更好的方法和路径。但是在任何一个历史时间点上，现有的主流方法即便不是最好的,也是比较好的,自有它存在的道理。

比如,从北京到上海的道路有千万条,但最近的只有一条,就是京沪高铁。当然,任何人都可以选择绕道武汉,再顺江而下,甚至可以选择飞到日本,再乘船到上海。这样做的人固然可以宣称自己的做法有差异化,但是,这种差异化有什么意义呢?当我们可以堂堂正正地做事时,就应该理直气壮地选择京沪高铁,不要怕别人说我们走的是正路,没有差异化。很多人在做产品时非要搞差异化,把按钮从圆的改成方的,方的改成三角的,毫无意义,甚至用户体验更糟糕。如果我们心中想的是把产品做得更好,把事情做得更好,做出来的自然和以前的不一样,而不用刻意强调差异化。

做事把握常态的三个原则

理解了上文提到的正和奇的关系,就容易理解接下来的三个原则了。

第一个原则,在无限长的时间里,变是常态,不变是非常态。但是在有限的时间里,不变和渐变是常态,巨变是非常态。

变化在长时间里是一定会发生的。现在的人不要指望能靠一种技巧吃一辈子,因为变化是常态。承认这一点,变化到来的时候,才不至于慌张。一些人之所以是悲观主义者,就是惧怕变化。

但是在较短的时间里,常常是相对稳定的,如果有变化也是渐变,这是我们做很多事情的基础。图6-1显示的是一段人的语音波形,持续时间大约是两秒钟。两秒钟的语音大约有几万个样本点,几百帧信号。你可以从图中看到,它是剧烈变化的。但是,如果把这张图横向放大100倍,你就会看出它是渐变的,而且颇为平滑。

搞语音识别和语音编码的人懂得，由于我们的声带有惯性，所以发音只能是连续的，而不是突变的。整个语音处理的理论和实践都建立在这个条件之上。

图 6-1 人的一段语音波形

类似地，我们的世界也有惯性，它的变化是逐渐发生的。理解了这一点，做事的时候就会懂得积累的效应，就不会采用狗熊掰玉米的做法。很多人一件事没有做好，就想着改变，好像一变就有机会了。且不说变化是否能给有这样想法的人带来机会，就算有，没有积累的人也把握不住机会。当变化真的来了，那些等待弯道超车的人还是没有机会。希望落空，他们可能从此就成了悲观主义者。鲁迅笔下的阿Q就是这样的人，看到革命，看到变化，就以为自己有了机会，岂不知革命恰恰要了他的命。

智能时代到来了，这会是一个长达十几年甚至几十年的阶段。从人类历史的跨度来看，几十年不过是一瞬间，因此它带来的是突变。但是在这几十年里，每一天的变化都是渐变，我们有足够多的时间适应这种变化。

第二个原则,往前走是常态,回头看是非常态。

反思和回顾历史是需要的,但不要太多,更不要指望照搬历史的经验,或者吸取历史的教训就能直接生成当下的行动指南。

中国人有"以史为镜"的说法,但简单的以史为镜是不可靠的。中国人的一个弱点是背负了太多的历史包袱,因为中国的历史实在太长了。美国人没有很长的历史,就没有包袱。相比历史,未来更重要。中国企业这些年发展很快,原因恰恰是中国工业化的历史很短,没有传统的包袱,什么好就学什么,因此容易做到不断探索新路。而欧美国家虽然历史不长,但是工业化的历史正好和中国反过来,百年老店太多,历史的包袱就特别重。西方国家发展最快的硅谷地区和特拉维夫,恰恰是没有工业化传统的地区。

网上一些人爱炒作自己祖上被点过翰林,当过贝勒,出过学者名流,这其实半点儿意义都没有。活到今天的人,绝大多数都不是十代贫农的后代,祖上都是王侯将相。两个人能够坐在一起聊天,不管祖上是干什么的,他们现在已经平等了。接下来,就看两个人未来的路怎么走,而不是谁祖上官大。

第三个原则,实力派获胜是常态,机会主义者获胜是非常态。

任何体育比赛,通常是实力更强的一方获胜,很少有爆冷门的情况。如果我们和柯洁下围棋,是无法靠下出一两步好棋爆冷门获胜的。生活中也是如此,与其想如何爆冷门,不如想想自己

格 局

怎样成为实力派。一些学生问我是否该退学创业,我告诉他们,以他们现在的水平还远不到退学的时候。虽然盖茨和扎克伯格退学后创业成功了,那是因为他们已经知道怎么挣钱,而不是退了学才去想挣钱的方法。更何况他们二人在同学中是一等一的编程高手,算是实力派的人物,而不是机会主义者。如果自己不具备一定的实力,肯定会尝试一次、失败一次。这就如同一个业余选手和费德勒或德约科维奇比赛打网球,最多只能靠对方发球失误捡一两分,但肯定赢不了任何一局比赛。

临渊羡鱼,不如退而结网。了解我们的社会,了解我们的未来,相信未来有的是机会,然后静下心来,成为一个乐观派、实力派,这样,成功的概率要大很多。

7
未来的法则

生活在哪个时代非常重要，生活的地点也同样重要。我们是否生活在一个好时代、一个好地点呢？

如果我们相信未来会比今天更好，坚信自己生活在一个好地方，所要做的便是认识到未来时代的特征和规律，把握住一些不变的道理，使用正确的方法，做那些能够不断让自己获得可叠加式进步的事情，这样便能立于不败之地。

未来的8个特征

虽然有些人喜欢怀念过去,但是更多的人还是喜欢放眼未来,因为在后者的想象中,未来会比现在好,能给他们带来希望。憧憬未来的人,通常好奇未来和现在会有什么不同,以便及早做好准备。对于这个问题,我们不妨先了解一位负责开发与未来相关的新技术的权威人士的观点,他就是麻省理工学院媒体实验室主任伊藤穰一先生。

伊藤穰一是一个杂家,他有很多头衔和职务,做过风险投资,参与过很多重要的社会活动,而最切合他身份的是他当下的职务——麻省理工学院媒体实验室主任。

媒体实验室颇富传奇色彩,虽然它的名称中间有"媒体"二字,但所做的事情其实和媒体本身没有太多的关系。实际上,把media(媒体)这个词翻译成"媒介"更为合适,因为它是一个专门把各种黑科技聚集到一起的媒介。这种跨学科的合作产生出很多改变世界的重大发明，比如触摸屏、电子墨水、提高人类灵活性的假体、可穿戴式设备、车载 GPS（全球定位系统）等。媒体实验室的特点是做事不拘一格。它给予教授和科学家们自行决定研究方向的权力，但希望他们研究那些关乎人类未来，而其他研究机构又不愿意做的课题。至于那些政府支持的热门研究项目，麻省理工学院的各个实验室已经在做，就不必重复类似的工作了。在人员选择方面，这种特点也表现得淋漓尽致。就拿伊藤穰一本人来说，他没有博士学位，也非学术界人士，这样背景的人在其他学术机构里是不可能担任重要职务的。

2017 年，伊藤先生把自己对未来的观点写成了一本书——《爆裂》（Whiplash）。他在书中用 9 对矛盾描述了自己对未来的看法，而我有幸为这本书作序。虽然很多人未必完全赞同他的看法，但是他对未来特点的概括非常到位，而且为每一个人提供了思考未来的思路。因此，我们不妨先看看伊藤先生是如何思考未来发展方向这个问题的。

想要了解未来，就需要把很多重大事件放到一个很大的历史环境下考量。因此，伊藤先生把历史上一些大发明家对某些重大发明（包括他们自己的发明）的误判作为研究的起点，指出了未来的三个特点，即不对称性、复杂性和不确定性。

所谓不对称性，是指由于新技术的产生，最早掌握新技术的少数人，可以利用新技术颠覆过去在相应领域中占据统治地位的大机构或组织。创业常常就是蚂蚁战胜大象的故事，说的就是这个道理。

所谓复杂性，是指当下的知识体系非常复杂，是跨学科的，而不是单一维度的；是综合的，而不是单独的。这正是媒体实验室要做跨学科、融合的研究课题的主要原因。现在的时髦词——跨界，其实在某种程度上反映出知识体系复杂性的特点。

所谓不确定性，是指没有人能够预测未来。很多人想预先知道未来会发生什么，他们可能会向专家请教，可能会沉迷于算命。但是，无论是掌握了很多信息的麦肯锡分析师，还是掌握了绝密资料的政府官员，都做不到这一点。伊藤说，他自己对于快速变化的未来其实也没有办法预知，但学会在不确定的环境中做事情却非常重要。我曾经讲过，好的投资人都是重反应、轻预测的，因此不要做预测未来这种无谓的尝试。如果我们能够掌握在不确定条件下做事情的方法，就不需要迷信各种预测了。

面对不对称、复杂而且不确定的未来，人类应该怎么办呢？伊藤谈了他的9个破局方法，其中有些是相似的，因此我把它们概括成以下8个方法。

不过度依赖过去的权威

在一个平稳发展时期，过去权威的经验是有用的。但是在新技术革命时期，新思想就比过去权威的思想更重要。在这种前提下，人类唯一能做的就是接受新的事物，而不是固守旧的经验。伊藤举了一个例子来解释什么是对待未来应有的态度。

汤姆·奈特是麻省理工学院的一名高级研究员，他在计算机科学等不少领域有重要的发明，可以称得上是权威。但是，他在年纪很大的时候跑去和大二学生一同修生物课，因为他知道半导体集成电路的密度已经接近极限，未来很难再提高了，而在细胞层面基于化学反应的集成电路板或许能代表未来。因此，作为计算机科学家的奈特选择读生物学的硕士，以便应对不断涌现出来的新技术的挑战。

拉力优于推力

所谓推力，就是用各种方式推销给你的东西，比如通过广告送给你的商品信息。所谓拉力，就是自己有需求主动获取的东西，比如你主动在互联网上学一门慕课（MOOC）。过去，很多自上而下的推送在主导我们的行为。比如，我们打开电视机，它提供什么内容，我们就接受什么内容。久而久之，我们就受到自上而下的影响。但是，在互联网时代，分散式的、来自底部的主动需求不断涌现，自上推下来的东西就失去了原先的价值。为什么谷歌的搜索广告效果好、价值高，而各种平面展示广告效果差、价值低呢？伊藤给出了理论上的解释——拉力优于推力。

指南针优于地图

在能够预测未来的年代，我们看到地图就能找到路，但有一个前提条件，就是从过去到今天，道路的变化不大。如果一个城市的道路每天都在改变，地图就失去了意义。但是在未来，很难画出一张准确而具有时效性的地图，靠过去的老地图找路就不好用了。在这种情况下，学会使用指南针找准方向，要比按图索骥有意义得多。

关于这一点，我们在中学时就有体会。老师给我们一个公式，我们就能按照公式解一大批数学题。如果考卷上大量的题不符合那个公式，再套用公式的人就傻眼了。而掌握了基本数学原理，有能力推算出新公式的人，就能立于不败之地。后一种能力，就是伊藤所说的使用指南针的能力。

拥抱风险

人类自古以来都会面临各种风险，也在采取各种措施避险。人类做的很多事情，都是让自己或者自己的后代今后能变得安全。无论是欧洲的城堡还是中国的长城，都具有规避风险的功能。但是今天可能不存在安全的避风港了，因为那里没有竞争力。伊藤举了深圳和美国的例子来说明这一点。为什么深圳成为全世界很多高端硬件产品部件的供应源头呢？因为那里的小企业更愿意承担风险。美国在成长期时，也像现在的深圳那样处处充满风险，当时美国的拓荒者也像深圳人那样不惧怕风险。伊藤认为，现在的美国要想重新取得竞争优势，应该从头再来，回到美国当初的成长阶段。这看似是倒退，其实是进步。

回到每一个人身上，很多人都觉得自己最好能进入一个越老越值钱的行业，等年纪大了，工作会比较轻松安全。这种想法在未来可能要令那些人失望了，因为过去的权威会失去它的作用。真正安全的，恰恰是拥抱风险。

叛逆精神

我曾经讲到，叛逆和对叛逆的宽容是硅谷成功的第一要素。伊藤则用"违抗"这个词说明不受约束地发明创造的重要性，他举了20世纪初杜邦公司发明尼龙的故事。

> 尼龙的发明者卡罗瑟斯的老板斯泰恩是一个愿意让下属自由研究的人，卡罗瑟斯得以根据自己的兴趣研究尼龙。但是后来，他的新老板博尔顿要求大家研究能赚钱的东西。所幸的是，卡罗瑟斯"违抗"了新老板的要求，仍继续专注于自己的兴趣，并且利用过去的科研成果最终发明了尼龙。

重大的发明往往不是眼光平庸的人能够看懂的，如果过于服从现有的安排，就不可能有重大发明。创造力需要摆脱束缚才能发挥作用，而这件事看起来就像是叛逆行为。

通才胜于专才

在媒体实验室，绝大多数研究人员都是跨学科的通才，这是那里不断涌现出重大发明发现的原因，因此伊藤说通才胜于专才。不过，对于伊藤的这个观点，大多数人需要避免一个误解，那就是自己对任何一个领域的了解都不精深，却妄想成为一个跨界高手。对大多数人更有意义的事情是，先让自己成为一个专才，之后，如果能发展成通才固然好，如果不能，要具有调动资源的能力，形成优势互补。反过来，如果一个人没有能够拿得出手的优势，是没有人愿意和他进行能力上的互换的。

对一个组织而言，这一条原则可以理解为多元文化的重要性。在一个组织中，人才的多样性比单一化更有优势。硅谷成功的秘诀之一就是多元化。

韧性优于力量

对这一点的认识，或许来自伊藤的东方人基因，即对所谓的柔能克刚的认同。

力量对于做一件事情的作用自不消说，通常是力量越大，越容易推进。但是，如果我们承认未来的不确定性以及局部失败的必然性，就需要一个能抵御灾难性故障的系统，以免局部的错误毁掉了大局。韧性的作用在面临"风暴"时就显现出来了。一个健康有活力的机构需要具有韧性，能够经受多次局部失败的打击，通过变革获得重生，最终立于不败之地。

强调整体性

在系统论出现之前，人们通常认为整体等于部分之和。但是当人们开始研究人体或者社会这一类复杂的系统时，会发现整体未必等于部分之和，优化每一个个体未必能达到整体最优的状态。真正具有竞争优势的是一个体系，而非一个特别强大的个体；是一套能够保证不断成功的制度，而不是一个天才个人的行为。iPhone作为一款产品，并非每个主要的技术指标都比竞争对手的产品强，而是为消费者提供了一个整体上体验最佳的产品。

如果我们承认未来的不对称性、复杂性和不确定性，我们就不应该通过算命预测未来，然后笨鸟先飞占据一个先发优势，而是要增强我们的适应性和创造力，去应对复杂性和不确定性。这是一种立于不败之地的做法。其实，自古以来，人类并不缺乏创造力和适应性，只是我们过去过分看重物质财富，希望物质财富给我们带来安全，以至忽视了创造力和适应性。未来不是一个我们能轻易获得享受的时代，而是一个需要我们利用聪明才智获得机会的时代。

寻找快速变化中的永恒

在我们都认可未来世界会快速变化这个特点之后,我们是否应该反问一下自己,这个世界上是否有不变的道理,或者变化很慢的东西。亚马逊的创始人贝佐斯说自己就属于那种在变化中寻找不变的人。

贝佐斯的观点和伊藤的观点是否矛盾呢?并不。伊藤讲述的是未来的事实,而贝佐斯说的是应对变化的一种做法——让变化的技术和市场围绕不变的商业服务。其实在贝佐斯之前,IBM一直在这么做。在很多人看来,IBM是一个不断转型的企业,从最早的办公设备到后来的计算机,再到软件和服务,都是改变。但是IBM商业模式的核心没有改变,那就是一切围绕服务展开,更具体地讲,是针对企业级客户的服务。IBM早期的制表机产业早就不存在了,大型计算机也几乎看不到了,甚至它的存储、个人计算机和服务器业务也分别卖给了日立和联想。但是这家公司并没有因此消失，它只是在不断地变换服务的内容。只要全世界的服务业还在，IBM 就有生意。事实上在 2002 年，IBM 收购了普华永道（PWC）的咨询服务产业。作为一家计算机技术公司，IBM 为什么要收购单纯靠人力服务的公司呢？因为在 IBM 看来，技术只是手段，不是目的，服务才是它的目的。既然普华永道高端的服务产业利润率高，为何不收购呢？

当今美国《财富》500 强的企业平均年龄才 40 岁左右，也就是说，各行各业里曾经辉煌一时的公司鲜有常青树。IBM 可以算是一个例外，其中的智慧就是以不变应万变。每个人都想做到这一点，遗憾的是，很多人看不到那些不变的东西。并非因为那些人得到的信息太少，而是他们接收了太多的信息，没有深入思考，以至忘记了应有的常识。事实上，某些所谓的专业人士的判断力还不如具备常识的大妈。

2017 年，微信上曾疯传这样一段对话。

记者：马云推出无人超市了，您怎么看？

大妈：超市都没人啦，那还不关门吗？

记者：大妈，无人超市不是没有人的意思，而是说，超市里没有售货员、收银员等员工了。

大妈：那应该叫无员工超市啊！唉，就你们这语文水平还当记者呢!

记者:是,是,大妈说得对,应该叫无员工超市。大妈,那您对这种新型的超市有什么看法呢?

大妈:超市不需要养员工了,那东西是不是更便宜啦?

记者:这个……我们暂时还没了解到。

大妈:瞧瞧你们这些记者,怎么当的?老百姓最关心的问题,你们不去了解,整天只会关心马云又弄啥玩意儿了。我们老百姓最关心的是什么?是有没有假货,东西是不是更便宜啦。超市里有没有员工关我啥事?

记者:您不觉得无人超市的推出将会改变我们传统的购物方式吗?

大妈:改变啥啦?买东西不花钱啦?刷支付宝也是花钱啊!

记者:大妈,看来您还是不能理解时代的发展潮流。

大妈:呦,弄个没有员工的超市就是时代潮流啦?每天都弄些专门裁减底层员工的玩意儿算啥本事?有本事弄个没有老板的超市啊!

记者:大妈,您对马云是不是有意见啊?

大妈:我不是对马云有意见,是对你这种无聊的记者有意见,问问题从来都问不到点儿上。马云改变了我们的生活,但我们要的不仅仅是改变,而是可以带来幸福的改变。现在

格 局

很多改变不仅没有增添我们的幸福，还增添了许多烦恼。这才是你们记者应该关注的问题。

记者：……

这段对话的背景是阿里巴巴推出了无人超市，一时成为新闻。不少记者得知这条新闻之后很兴奋，甚至叫板亚马逊——外国人没做到的事情我们中国人率先做到了。如果我们仔细了解一下，就会发现记者过度解读了这件事情。那个所谓的"超市"，不过是大一点儿的自动贩卖机而已。里面所用的技术，其实就是在商品包装上放上一片RFID（射频识别技术）的小芯片，使商品能够被自动扫描识别。这和我们在酒店里用没有磁条的房卡开门是一个道理，并非什么了不得的新技术。事实上，马云自己都没有太把这个无人超市当回事，因为他没有在各种场合解读它。

而"吃瓜群众"（包括那些对技术和商业似懂非懂的记者）永远不会嫌事大，喜欢把各种新鲜事做夸大解读。谁能想到一个使用常识做判断的大妈指出了记者思维的误区，可谓一语中的。

对话中的这位大妈讲的第一个观点道出了消费者真正关心的是什么——购物时的放心（没有假货）以及便宜的价格，至于通过什么方式购买东西并不重要。网购能够兴起，是因为它价格低、省时间，并非因为它很好玩。有人说网购改变了人们购物的习惯，以至很多人难得逛商场了，这点不假。但是习惯能从逛商场变成

"逛网"，就能变回去。我们时不时地会在媒体上看到这样的故事，一群人会为了领一盒免费鸡蛋排队半个小时，这就是"逛网"的行为变成了线下排队，因为排队得来的东西不要钱。

对话中的大妈问"没有了售货员，价格是否可以便宜"，恰恰道出了未来无售货员商场能否成功的关键。至于技术本身，如果它不能帮助实现这个目的，再好也是"鸡肋"。从商家的角度看，商场有没有售货员不重要，能带来更多的利润才重要，否则不如保留售货员。

事实上，亚马逊考虑过无人超市的可行性，它做决策的依据就是利润是否能提升，而不是使用了多少技术。我的一位谷歌同事后来成为亚马逊物流的负责人之一，他向我介绍了亚马逊对商业变迁的研究和思考。在亚马逊看来，从柜台销售到超市销售，被盗取的物品在增加，但是由于超市这种模式比柜台销售提升了效率，使得商家拿出一部分利润抵消被盗商品后依然能够赢利，因此超市取代了传统的百货柜台。到了电商时代，从商品的损耗数量来看，大量的退货其实远比超市中被偷取的商品多，但是省去的房租让电商在扣除退货的成本后依然有利可图，因此电商得到了蓬勃发展。是否要用无售货员超市取代现有的超市，完全要看成本。这里面的成本，不仅要考虑被偷盗毁坏商品的成本，还要考虑在无人监督下处理法律纠纷的成本、退货的成本，以及各种原先想不到的成本。如果没有了售货员，顾客偷盗商品的比例一定会增加；如果无售货员超市中都是便宜的商品，肯定赚不到钱；如果放上一些昂贵的商品，偷盗行为会更普遍。在美国，很多人在超市偷盗并不完全是因为无钱支付商品，而是觉得刺激、好玩甚至是无意识的。超市中顺手牵羊的偷盗者，从好莱坞明星到《财富》500强公司的高管都有，前者可能顺了个几十美元的化妆品，后者可能随手拿了一个一两美元的打火机。这些问题不是在商品包装上装一个RFID的芯片，或者在天花板上安一个摄像头就能解决的。另外，有一些人会刻意毁坏超市里面的货物，这也是一种成本。事实上，在中国的一些无售货员超市开张后，里面挤满的不是购物的人，而是一群在家里舍不得开空调的大爷大妈，这恐怕是开超市的人事先没有想到的成本。

在美国、澳大利亚和欧洲的国家，虽然没有完全无售货员的大型超市，但是有很多超市由顾客自己在计价交款台扫描商品、结算价格，店员只是在一旁监督。这种做法确实少了一些人手，省了一些成本。从商业要谋利、要赚钱的本质来讲，在现阶段，这种做法比完全无店员更有效。是否利用了新技术不是核心，利用新技术实现提高效率、降低成本的目的才是关键，因为降低成本、提高利润才是核心，才是不变的道理。

技术是手段，而不是目的

现在的很多人（包括一些科技从业者）混淆了技术在目的和手段之间应有的位置。技术从来都是手段而不是目的，搞不清楚这一点，就会为了技术而研发技术。很多时候，我们知道一个需求可能是刚需，但是这个需求的解决方案（技术）并不一定是刚需，用其他手段也能解决问题，甚至解决得更好。当我们混淆了手段和目的时，就难免闹笑话。

在美国，FDA（美国食品药品监督管理局）每年都会勒令下架一批药，包括很多新药，除了个别的药品是因为副作用大之外，大部分是因为没有用途。也就是说，虽然治疗相应的疾病是刚需，但是某一种药（解决方案）未必是，因为它们不能解决问题，甚至个别药品声称能够治疗的疾病并不存在——商家不能为了让消费者买一种药而发明一种疾病。现在一些对技术发明的宣传，其实是在解决那些并不存在的问题。

对老百姓来说，购物是刚需，但无售货员的超市未必是，尽管这是一个新概念，甚至用到了一些新技术。类似地，无论是刷卡还是移动支付，都是手段，方便才是目的。很多人觉得美国移动支付不发达，因此技术落后，其实在美国用信用卡一点儿不比在中国用移动支付麻烦。另外，无论用何种方式支付账款，花钱这件事并不会因此被省略掉。所以，要想过好日子，从本质上讲，是要获得更多的钱，而不是要方便花钱的各种手段。

在上文记者和大妈的对话中，最后记者抛出一句话，"看来您还是不能理解时代的发展潮流"。在论战中，这样的话常常是一方败下阵之前最后说的话，类似的话还有"你又不是这方面的专家，和你说了你也不懂"，等等。要知道，今天的潮流，可能过两三年就不再是潮流了，洞察本质才能立于不败之地，并非赶上了潮流就高人一等。更何况具体到购物这件事上，是否代表了时代发展的潮流并不是记者说了算的。

在智能时代，很多时候我们会因为过于担心自己落伍而拼命奔跑，觉得凡是和新技术有关的都是好的，都需要追随，而忘了一些不变的道理。爱迪生作为一个重大发明数量最多的发明家，在求变、跟随技术发展潮流方面自然做得非常好，但是他所做的一切都围绕一个不变的核心，那就是要让技术解决真正的问题，而非发明没有用的东西。

爱迪生曾经有一个重要却失败的发明。当时电的利用才刚刚开始，爱迪生发明了一种供议会使用的自动表决机，并且获得了他的第一个专利。

爱迪生以为有了自动表决机，议员们就可以加快议会投票的过程，提高效率。但是，当他带着这项专利来到国会后，议员们告诉他这东西根本毫无用处，然后把他打发走了。后来他才了解到，议会出于公平的考虑，要给少数派足够的时间来说服其他人。因此出于决策流程的考虑，国会投票的过程并不需要加快。

这次碰壁以后，爱迪生懂得了一个道理，这个世界光有技术是不够的，技术还需要有用、有市场。从此，爱迪生抛弃了单纯做发明家的思维方式，即要把所有的事情都自动化，转而领悟到了企业家的思维方式，一生再也没有做任何没有市场的发明。

爱迪生生活的时代并不缺乏大发明家，亚历山大·贝尔和德国的西门子都是能够通过发明解决人类现实问题的发明家，他们都在第二次工业革命中获得了巨大的成功。不过，另一批发明家就没有那么好的运气了。特斯拉无疑是当时发明家中的佼佼者，不同的是，特斯拉是单纯的发明家而不具有商业思维。他的很多研究工作，虽然想法很好，甚至可以说非常超前，但是因为不切实际，所以最后的结局都不算好。在那个时代，像特斯拉一样的发明家还有很多，他们理解了变革，却忽视了一些永恒的道理。

在每一个时代总能看到有变革需要的人，但是，仅仅谈改变是没有意义的，变好才是目的。2008年奥巴马竞选总统时，高呼"改变"的口号，吸引了很多对现实不满的选民，并且一举成功。不过，奥巴马此前只有两年的从政经验和少量的社会活动经验，并不知道如何把社会往好的方向引导。时任纽约市市长的朱利安尼就指出奥巴马的潜在问题。他说，改变本身不是目的，因为改变有好坏之分，搞好才是目的。事实证明，奥巴马每次遇到问题时，总是偏袒非洲裔，结果导致美国社会断裂。当初投奥巴马选票的绝大部分选民，8年后变得更加贫穷了，这直接导致了2016年大选时，（奥巴马所在的）民主党在总统竞选、国会两院竞选和各州州长竞选中全面溃败。

现实生活中，总有人希望通过改变来让自己的命运变得更好，却较少考虑变化的方向。有读者问我：自己到了30多岁，感觉事业前途一般，是否该开始学习编程，这样可以赶上技术革命的快车。虽然我不能否认极个别的人可能有尚未被发现的计算机天赋，但是到了30岁才开始学习编程并且最终成为高手的人极少。一个人如果想成为优秀的计算机工程师，至少要有近万小时的刻意练习，这是很多人在做决定之前未曾考虑的。事实上对大多数人来讲，更好的改变方式是学会计算机思维，将它用于自己熟悉的行业，扩大自己原有的优势。

爱因斯坦说过，"真理就是在经验面前站得住脚的东西"。上面案例对话中的大妈并不知道什么高科技，却懂得很多朴素的道理，即那些在经验面前不断被验证的道理。相反，那位记者的想法需要在经验面前验证，看看是否站得住脚，才能下结论。具体到商业，一种新的商业模式是否可行，并不在于其技术含量的高低，而要看能否让商品更便宜，购物更方便。

在未来，我们还会看到很多把技术当作目的而不是手段的发明，还会看到一些人为了改变而改变。但是，只要我们能够有足够的定力，相信真理就是在经验面前站得住脚的东西，坚持往好的方向改变，就能远离失败，就能离成功更近一步。

优质的才是稀缺的

我们都知道金钱很重要。但是如果讲到未来什么最重要，总有很多人会说，未来比金钱更重要的是他人的关注，用一种通俗的说法是"吸引眼球"。因为关注可以产生金钱，"网红"经济就是这样产生的。于是，有了"目光聚集的地方，金钱必将追随"的说法。很多人绞尽脑汁想出名，就是想成为所谓的"网红"。

遗憾的是，有钱的人，特别是有"大钱"的人是一个群体，而拼命想受到关注、想成为网红的人是另一个群体，他们之间的交集很小。其中的原因可能是你、我、他的关注很不值钱，更可能是建立在所谓关注基础上的生意永远挣不到钱。

关注的价值

只注重关注这件事，有时危害会很大，因为它让一个原本可以通过把事情做好而获得成功的人走错了路，让他把精力花在那些根本不值得关注的事情上，于是原本还不错的收益变得极低。著名主持人涂磊曾经这样告诫一些想通过关注成名的人："如果你想获得大家的热捧，就得做出值得大家热捧的作品来，而不要炒作自己。"这是一个在传统媒体从业多年的人对关注的理解。

为什么他人的关注不值钱，我们不妨先来看几个事实。

我过去在腾讯的同事，现在负责京东广告业务的颜伟鹏先生给我算过一笔账。很多小游戏公司为了让用户来玩它们的游戏，在腾讯等媒体上做广告，那些广告每天会被上百万个用户看到，但是没有人在意那些豆腐块大小的图片或者视频里面展示的是什么。而且，没有什么人愿意点击进去了解详情，更没有人真的下载玩一玩。

颜伟鹏讲，根据他的计算，用这种方式拉到一个游戏玩家的成本是 2000 元，最后能从玩家身上赚多少钱就只有天晓得了。

当然，广告平台会说，到我这里来做广告会获得很多关注，但这句话如果和广告的效果结合起来，就应该还有下半句——遗憾的是，那些关注真的很不值钱。

类似地，很多失败的投资人将资金投给了备受关注的产品或者人，很快便血本无归，因为那些关注很不值钱，其中最典型的例子就是霍尔姆斯的"一滴血化验"的创业项目了。那个项目备受关注，连基辛格都为她站台，但是最后她被证明是一个不折不扣的骗子。

当然，很多人会讲，互联网上的内容太多，"网红"一样的各种面孔像走马灯似的换来换去，大家是"浅层关注"，不算数。那么我们就来看一个"深层关注"的事情——看电视。

电视的屏幕不同于联网计算机的屏幕，后者的上面有密密麻麻的广告让我们看不清。电视开机时的屏幕一般只有一个主题，照理说观众的心思应该比较聚焦了吧，其实并不是这样。

根据美国对电视媒体的统计，美国观众每看 1 个小时电视，产生的价值只有 20 美分，也就是 1 元多人民币。相反，上网 1 个小时创造的广告收入比看电视还多。这就解释了为什么乐视的开机广告并不能给各自的公司带来多少收益，也解释了为什么做了那种没有效果展示广告的公司，业绩并没有提高。

内容的价值

根据美国的统计数据，什么媒体关注的商业价值最高呢？不是商业媒体，更不是娱乐媒体，而是毫无娱乐趣味的高质量的严肃杂志，平均 1 个小时可以产生 1 美元的商业价值。相反，关注八卦色彩较浓的地方小报 1 个小时的价值只剩下不到 10 美分了，比电视每小时 20 美分的效果还差。这个结果可能出乎很多人的意料，但是优质的、有自己观点的内容能带来更大的商业价值，是不争的事实。

如果我们能把关注的价值和内容的价值等价起来（严格来讲，它们是相关的，但不是等价的），那么对于读者和观众来讲，阅读免费低质量的内容远没有付费高质量的内容有意义。

对于优质内容的价值，还可以用我们消费它们所需要花费的金钱来衡量。在美国，一本书平均售价 30 美元，读者读完一本书的平均时间为 10 个小时，也就是说，读者每小时消费 3 美元的内容。类似地，如果我们去看一场电影，平均每小时消费 4 美元的内容，但是如果花 1 个小时读小报新闻（现在更可能是微信上的帖子）或者网络上的八卦，消费掉的内容可能只值几角人民币。

既然关注不如想象的那么重要，那么，在当今的商业世界里什么比较重要呢？对于商家来讲，最直接、最重要的标准是 ARPU（average revenue per user）值，也就是每用户平均收入。我们以苹果公司为例，计算一下它的用户 ARPU 值。苹果用户差不多每两年换一部手机，此外，很多人还在使用苹果计算机，大约 3～4 年更换一次。因此，苹果公司的 ARPU 值至少是手机价格的一半，可能还要加上计算机的价钱。最近两年（2017 年之后）上市的苹果手机最便宜的税后也超过 800 美元，最贵的将近 1500 美元，因此，它的 ARPU 值超过 400 美元。

相比之下，紧随苹果之后，市值长期处于世界第二位的谷歌，ARPU 值只有 40 美元左右，小了一个数量级。

在中国的 IT 企业中，第一梯队的腾讯、阿里巴巴和百度这三家公司，ARPU 值都在 20 多美元，和谷歌在同一个量级，但是第二梯队的互联网公司的 ARPU 值就小了一个数量级。如果你对 20 多美元的 ARPU 值没有概念，可以对比一下中国三大运营商宽带业务的 ARPU 值，它们只有 4～8 美元，这是邬贺铨院士 2016 年讲的。也就是说，中国顶级互联网公司给用户带来的价值和从每个用户身上获得的收益还是不小的。

当然，有些人会觉得，像谷歌、腾讯或者阿里巴巴这样的大公司，其用户渗透率已经很高了，不存在不受关注的问题，因此才注重 ARPU 值的高低。但实际上，对于小公司来讲，ARPU 值更重要。因为小公司在短期内根本不可能从每一个人身上挣到钱，即使想尽办法让大众关注自己，得来的也只是廉价的关注。虽然上帝创造的每一个人是平等的，但是不同人的关注却是不平等的。优质的关注者不仅能直接为商家带来收益，而且能够扩大商家的影响力。因此，一个公司在规模不大时，在关注度上和大公司进行全方位竞争是没有意义的，它更应该关心自己的核心用户，关心自己能给他们带来什么价值。

我们看一下徕卡公司的竞争策略。这家德国最老的相机公司相比日本的尼康和佳能，占有的市场份额小得多，而且存在巨大的价格劣势。它一度试图通过生产便宜的相机获得更多人的关注，但事实证明那种努力毫无效果。因此，它曾经面临破产。但是近十年来它在资本的帮助下起死回生了，而且在行业里很有竞争力。其中一个重要原因是，徕卡不再和日本公司在价格上竞争，不再试图去争取那些对它来讲没有价值的人群的关注，转而培养它的使用者的水平，以提高ARPU值。为此，徕卡成立了培训摄影师的徕卡学院，并且在世界各地举办短期的摄影实战培训。

2014年之后，智能手机摄影功能的迅速增强，开始冲击相机市场。靠大众市场取胜的尼康和佳能的销量下降了一半，同一时期徕卡的销量反而上升了。随后，尼康和佳能开始深耕它们的核心用户，增加ARPU值。

现在中国的自媒体多如牛毛，很多投资人和我讲不知道该投谁，我说很简单，不要看它们的用户数量，看它们的ARPU值即可。在当下这样一个风险投资资金过剩的年代，通过融资买关注是一件很容易的事情。花钱买用户的事情谁都会做，但是能提高ARPU值才是真本事。因此，用这个简单的标准过滤一遍，就会发现很多号称拥有千万用户的媒体毫无价值可言。

未来的关键词

回到个人，大部分人几乎不会做投资，更不会去创业，但是或多或少地希望被关注。这本身没有问题，毕竟通过受关注而获得财富或者成名的想法合情合理。但是，有两件事值得我们思考。

首先，我们凭借什么获得关注？应该是我们提供的价值。这就如同涂磊讲的，一个演艺人士获得关注应该靠吸引人的作品，而不是炒作自己。很多人频繁参加各种会议、活动，找人加自己微信，求关注，以为这样就能提升自己的地位。其实，那些廉价的关注真的没有用，他们努力的方向完全错了。有这些时间和精力，不如找一些真正能够帮助自己的朋友，为他们提供一些价值。这些人对我们来讲，就是高 ARPU 值的群体；而我们所提供的价值，能进一步提高整个群体的价值。

其次，互联网时代从来不缺乏免费的内容，最珍贵的资源是我们的时间。不要花太多工夫读那些免费、廉价，但是质量低的内容，读它们不仅浪费时间，甚至会误导我们。至于哪些媒体上的内容好，看看那些媒体相应的 ARPU 值即可知道。

未来是一个过剩的时代，物质会过剩，内容也会过剩。最宝贵的是人的时间和注意力。无论是想得到关注，还是关注别人的，都需要记住一个关键词——优质。

免费时代的赢家和输家

在个人计算机出现之后,"免费"这件事其实就很难避免了,只要有了可以迅速大量"写"信息的设备,比如早期的磁盘机,后来的激光盘读写机,就很难制止对软件等知识产权产品的盗版行为。

20年前,微软等公司还试图在中国打击盗版,然后赚取软件费。那时,微软的首席执行官鲍尔默每年要到中国一两次,解决盗版软件的问题。但是,用惯了免费盗版产品的人很难接受为非实物的产品付费。因此,鲍尔默后来绝望了,用戏谑和苦涩的口吻说:"如果你们要用盗版,能否盗正版的。"言外之意是,人们与其在市场上找那些感染了病毒的各种盗版软件,不如向微软要正版的。对微软来讲,这样至少能绑定一些用户。当他们尝到正版软件的甜头之后,或许将来会出于良心支付费用。

到了互联网时代,雅虎的杨致远和菲洛首创了免费的互联网服务，并且找到了广告这种商业模式，让互联网本身变成了一个开放、免费的工具。很多公司为了利用互联网迅速扩大市场，干脆免费发布原本应该收费的 IT 服务或者文化创意产品。

在这样一个大环境下，原来一直希望用户购买软件的微软，居然用免费的方式在浏览器市场上打败了当时一家独大的网景公司（Netscape）。随后，免费成了趋势。当内容和服务在互联网上开始免费传播时，整个互联网就变成了一个巨大的复印机。

垄断和迅速死亡

免费模式最直接的结果就是互联网公司迅速形成垄断，谷歌、脸书和阿里巴巴就是这样的经典样板。与此同时，大量的互联网公司迅速死亡。据估计，在 2001 年互联网泡沫破灭之后，美国 98% 以上获得过融资的互联网公司关门了，其中包括很多上市的甚至市值超过百亿美元的公司，比如那个时代著名的搜索引擎公司 Alta Vista 和 Inktomi。为什么个别公司通过免费发展起来了，而绝大部分公司虽然采用同样的商业模式，技术水平也不算差，却很快死掉了？这里面的原因除了马太效应之外，从根本上讲，就是后者提供的东西重复且无价值。

我在《见识》一书中介绍谷歌联合创始人拉里·佩奇的智慧时讲过，提供有用的信息是根本——重点要落在"有用"二字上，而不是"信息"上，因为互联网上从来不缺信息。当然，很多互联网创业的失败者不这么觉得，他们认为自己提供的内容和服务很有用。但是，在信息可以随意复制的年代，创造信息不是什么难事，提供自己特有的、人们原先不知道的信息才有价值，重复别人的内容完全没有意义。

我们可以看到这样一个现象：一个焦点新闻出现之后，互联网上各家媒体都在转载、转发。虽然很多人因此获得了信息，但是他们并未受益。比如，2018年崔永元爆了几条内幕消息，内容不长，国内几乎所有的媒体都转发了，而且加了很多评论，可是没有一家媒体因此提高了品牌知名度，或者得到了更多的广告收入。在整个新闻媒体行业，受益者恐怕只有崔永元一人。原因很简单，崔永元爆的几条消息虽然内容不多，却属于"优质"新闻，而其他媒体不过是复制而已。从信息论上讲，这些复制出来的媒体不具有额外的信息量。

类似地，在微软推出视窗操作系统之后，全世界就没有哪家企业能够推出一款更好的个人计算机操作系统了。并非没有人试图这么做，也不是后来者水平不够，而是他们做出的东西相比视窗操作系统没有太多额外的价值。

免费服务和收入减少

免费模式的第二个结果，是让消费者享受到免费服务，但这也让商家的收入大幅减少，甚至让一些国家和地区的经济陷入缓慢发展的阶段。

2016年，全球互联网产业的收入不过3800亿美元。（对于阿里巴巴、eBay这样的公司，这个计算方式只考虑了它收取的费用，不算平台商家的流水。）你可能会说，3800亿美元是2万多亿元人民币呢！但是，电信运营商（比如中国移动、中国联通）和设备商（比如华为、苹果公司）同期的收入高达3.5万亿美元，很多基础产业的收入也在互联网产业之前。也就是说，虽然互联网公司经常占据新闻头条，但是它们的收入和知名度完全不相称。

虽然我们认为互联网企业3800亿美元的收入不算少，可谷歌一家就占了将近1000亿美元，去掉了1/4。接下来的亚马逊、阿里巴巴、脸书和腾讯这4家又占了1000多亿美元。如果再把第二梯队的十几家公司算进去，基本上就不剩什么了。这就是很多互联网公司坚持不了一两年就死掉的根本原因：全世界成千上万家互联网公司的收入加在一起，还没有中国移动一家多。

免费模式确实给一些小公司提供了以低成本进入市场的可能性，却让绝大多数小公司根本发展不起来。因此，今天还试图打着免费旗号想成为下一个谷歌或者阿里巴巴的创业者必须反思了。法国人讲："第一个把女人比作鲜花的是天才，第二个是庸才，第三个就是蠢材了。"这是因为后两条是重复信息，没有价值。2016年，摩拜单车出现在国内，我们随后看到的是大量"庸才"和"蠢材"。当然，比他们更愚蠢的是给他们投资的人。

超越免费的逻辑

我们现在依然处在一个免费时代，很多人依然陷入免费的定式思维，走不出免费的怪圈。一些人甚至想，既然价格为零都没法做生意，我倒贴钱是否可以。不少创业者真这么做了，但这就如同抱薪救火，薪不尽火不灭，最后钱烧光了事。

不仅创业公司如此，成名的大公司在这个问题上也有糊涂的时候。2004—2010年，微软花了大力气试图在搜索上和谷歌竞争。当时它的现金储备比谷歌多好几倍，因此它采用倒贴钱的方式鼓励用户使用它的搜索服务，每搜索一次，用户可以获得约5美分（约0.3元人民币）的变相奖励（可以买东西的积分）。但是，这样做除了每年烧掉微软十几亿美元的市场推广费之外，对其市场占有率的提升没有任何帮助。

因此，超越免费不是变本加厉地倒贴钱，而是要找到免费能够成功的逻辑，然后超越那个逻辑。

免费能够成功，是因为过去的一些东西有稀缺性，消费者不得不购买，这时免费就变得特别吸引人。当那些东西不再有稀缺性时，免费就没有意义了。为了加深你的感受，这里分享两个我身边的例子。

格 局

第一个例子发生在 10 多年前，我接待约翰·霍普金斯大学计算机科学系的系主任黑格教授参观谷歌，他看到那么多价格不菲的饮料和零食摆在休息室的货架上，让员工免费享用，问是否会有员工将它们拿回家。我说一些新员工（无论是校招的还是社招的）刚来的时候会拿一点儿，但是不到两个月就不再拿了，因为随时都能得到，就没必要放到自己那里。

他对我讲，在大学里，只要有一点儿免费的零食饮料就会被一扫而光。我说，那些东西在学校里有稀缺性，在这里没有。没有了稀缺性，免费的东西就不再吸引人了。

第二个例子是一位德国同事告诉我的德国统一前后的情景。

过去在东德（民主德国），香蕉非常稀缺，因为那里远离出产香蕉的热带地区。加上东德的贸易不发达，商店里一旦有香蕉，当地居民就抢购回家。

等到德国统一后，商店里出现了大量香蕉，而且价格低得让过去东德地区的居民觉得如同不要钱，于是居民就将它们一扫而光。

第二天，居民们到商店里一看，又上架了许多香蕉，再次一扫而光。但是，等到第三天、第四天香蕉依然摆满了货架，就没有人再抢购了。

因此，超越免费的第一条是制造一种稀缺性，而这需要产品、服务本身具有一种难以复制的特性。

每年的感恩节购物季开始之前，是苹果新款手机上架的季节。美国和中国照例有人排长队购买新款的苹果手机，一个黄牛号可以换到上千美元，这就是稀缺性带来的结果。

当然，稀缺性的前提是与众不同。2017 年，iPhone X 面世后，受到了用户的热捧。而几乎同时，苹果公司还推出一款 iPhone 8，但是用户的兴趣不大，因为它无论是和过去的 iPhone 7 相比，还是横向和华为手机相比，都没有什么新意。相比之下，iPhone X 的特点就明显很多，因此更受欢迎。

我们即便不经商，理解稀缺性的重要性对个人发展也是很有益处的，因为现在过剩的不仅是商品和信息，还有人才。

超越免费的5个法则

当今人们的学历普遍比上一代人高很多，每一个岗位的求职者拥有的技能，相比职位所需要的绰绰有余。因此，博士生可能只能得到一份原本属于硕士生的工作，硕士生只能去做本科生的工作，而不少本科生找不到工作。这让很多人感到心理不平衡：我比父辈的学历高，为什么找工作比他们还难？于是变得很迷茫，甚至有些颓废。

美国也有类似情况。很多学金融、法律和传媒的毕业生，要先免费给华尔街、律师事务所和好莱坞做实习生。我自己也遇到过类似的情况，一些人和我讲："让我（或者我的孩子）免费帮你做事情吧。"我说："谢谢，可是我并没有那么多的事情要别人做啊！"个别企业甚至暑期不招实习生，而是以训练营的方式让试图进入行业的年轻人来干活，也就是说，那些希望入行的人不仅挣不到钱，还要倒贴钱。即便在谷歌，也是人才过剩，常常是让博士生做硕士生的工作，这种杀鸡用牛刀的办法被《纽约时报》认为是谷歌成功的重要原因之一。

商品太多、服务太多、信息太多，只好将它们免费，那么人才太多、变得很不值钱，就很容易理解了，因为道理是相通的。现在在很多行业里，虽然员工工作有报酬，但只是辛辛苦苦挣一份糊口钱罢了。因为，没有稀缺性，就可以随时被取代，自然就没有议价能力。有了稀缺性，免费的传播手段和快速的信息流动就会给它的拥有者带来巨大的利益。这就和崔永元发的一条微博能够起到大量媒体内容都起不到的效果一样。

除了创造稀缺性，超越免费还有 5 个有效的法则，它们是时效性、个性化、可用性（易理解性）、可靠性和黏性。

接下来，我将具体分析这 5 个法则。

时效性能够超越免费

不妨设想这样一个场景，有两个观看我们热衷的体育比赛的选择：一是看实况转播，但是要交 50 元；二是赛后两天免费看重播，但那时我们已经知道结果了。

在这种情况下，大部分人会选择第一种。

你可能会认为，如果要交 50 元才能看直播，大部分人就不看了。实际并非如此。那些不上班去看奥运会开幕式，或者半夜爬起来看世界杯的人，其实都变相交了钱。不上班看转播，其实是以损失自己在职业上的收益为代价；不睡觉看球，身体的损失可不止50元。我们算账不仅要算看得见的金钱账，还要算潜在的经济得失。眼睛只盯着看得见的钱的人，一辈子不会有什么大出息。

既然要花钱看直播，而不是几天后在休息的时候看免费重播，就说明直播有重播不可替代的地方，即它的时效性。

当复制可以让大家获得免费的东西时，不可复制的东西才能值钱，才能从根本上超越免费，而具有时效性的东西天然具有这个特点。

在美国，很多人排队去看大片的首映或者前几场，主要是出于时效性的考虑。孩子在学校里听同学们谈最近的电影，而自己插不上嘴，是一件颇为丢脸的事情。因此，很多中上阶层家庭的家长会带着孩子去看刚上映一两天的电影。

在产品刚发售的前几天排队买苹果手机的人，也是出于时效性的考虑。

如果说看电影、买手机多少有点儿出于面子的考虑，那么买一些知识产品，先获得者就会比后获得者多少有一点儿竞争上的优势。

在美国，新书上架的次序是先精装、后平装，虽然内容一样，但精装本要贵得多。想及早看到书的人，会多花点钱买精装本，不愿意多花钱的就买平装本。此外，几个月后，各个社区图书馆都会上架新书，供大家免费借阅。也就是说，只要你有耐心等，最终可以获得免费阅读。但是，畅销书精装本的销量都不小，因为很多人觉得自己及早看到了书中的内容后，会在某些方面变得更主动，比如获得了谈资，或者了解了新知识、新工具。

软件也有时效性，只是有些较强，有些较弱而已。比如操作系统、编程工具就具有较强的时效性，因为IT公司的工作只有基于最新的操作系统，使用最新的编程工具，才有利于占领市场。而应用软件的时效性就要差一些。

20世纪90年代初，美国一个投资人给我在清华大学的课题组和中国电子器件工业有限公司（中国电子集团的前身）投资将语音识别技术产品化。当时，微软视窗操作系统刚出来，美国的投资人让我们买10套——当时1套要近千元人民币。此外，我们还花钱买了不少套C语言的开发工具。

当时我们问这位美国投资人，为什么要花那么多冤枉钱呢？过不了两个月，中关村就会有盗版。

那位美国人说："在微软开发视窗操作系统时，一流的公司就已经同微软合作了，它们所有的开发都建立在视窗操作系统之上。二流的公司，在微软一推出视窗操作系统时，就赶紧下手买它，然后将所有的开发转到视窗操作系统上。三流的公司才会等着盗版系统出来。这样做，钱虽然省下了，但等开发完产品,市场早就没有了。更不用说万一盗版软件出了漏洞,还找不到客服人员解决问题。"

不仅商品和服务有时效性,人的技能也是如此。当满大街都是某种技能的培训班时,这种技能的时效性早就过去了。

在20世纪60年代,只要你会写计算机程序,就可以生活得不比一个公司管理者差。但是在今天,这些人被谑称为"码农",因为技能的时效性过去了。2017年,吴恩达在慕课上开人工智能课程,有15万人听课;斯坦福大学教授波内(Dan Boneh)的区块链课程,有100多万听众。为什么这些课程如此热门?因为很多IT从业者知道,这种技能的时效性很强,等到大批年轻的毕业生走出学校时,这种技能的价值就没有了。

也就是说,想要通过时效性挣钱,就得抓住头几年的时间,这就如同精装书赚钱一样。很多人都知道需要终身学习,但是未必知道这背后的道理。终身学习的目的就是让自己领先同辈人一步,以便成为具有时效性的人才,避免在低水平上竞争。

突出个性化

既然免费的基础是易复制,那么无法复制又有价值的东西,自然就不可能免费。个性化的东西,显然是无法复制的。

怎样做到个性化呢?有的衬衫厂家提供印上个人名字的服务,

这种个性化没有意义，因为它不仅可以复制，而且不能带来太多的价值，不可能让衬衫避免价格战。

类似地，有人将图书印上消费者的名字，以彰显不同，这对图书销售的帮助恐怕也不大。一个人不会因为书封上印了自己的名字，就从不购买变成购买；反过来，一个人如果想买书，也不会在意图书是否做了个性化的处理。

你如果注意一下二手书市场，经常会发现有作者送给某个人的书，不仅作者签了名，还写上了受赠者的名字，但是受赠者最后还是将书送到了旧货站。

曾经有一位名人，在二手书市场发现某作家送给他的书，因为上面有双方的签名，因此要价几百元。他实在记不起自己什么时候将书卖给了收破烂儿的人，但是这本书显然对他没有价值。这位名人害怕作家知道后和自己翻脸，只好花几百元把当年只值一元多的书买回来。个性化做到这个份儿上，已经完全走样了。

什么是真正有价值、无法复制的个性化呢？我们不妨看一个比较极致的例子：个性化医疗。

现在，大部分针对癌症患者的治疗非常个性化。比如靶向治疗，要先测试患者的基因和肿瘤的基因，看看哪些药物（主要是通过干扰肿瘤生长所需的特定分子来阻止癌细胞增长）对患者身上的癌细胞有作用。在治疗期间，还需要根据患者的身体变化不断做出调整。这完全是个性化的事情，而不是找医生开了药，去药房拿了药回去吃就可以了。这种服务显然不可复制。

可是,治疗大部分疾病所使用的药物依然每个人都相同,比如对感冒或者上呼吸道感染这样常见的疾病,医生给所有患者开的药不会超过 5 种,剂量也大致相当。在未来,不同人使用的感冒药可以视自己的基因和病原体的基因而定。这样的治疗当然不可复制,也就不可能免费了。

当然,医疗的例子比较极端,其他场合通常很难得到个人病例和基因那么个性化的信息。但是,根据每个人的习惯做精准营销在大数据时代是完全办得到的,只要做到这一点,就能获得超出免费的溢价。

罗辑思维的用户群体相比中国的网民数量,甚至相比一些新媒体的读者数量都不能算大,但是它卖书的效果非常好。有人觉得这是罗振宇个人的魅力,其实背后真正的原因是罗辑思维的个性化做得好。在中国,名气比罗振宇大的人多的是,但是他们无论写书还是卖书都达不到罗辑思维的效果,因为那些人并不知道一本书的读者在哪里。我看了很多出版社开出的必读书书单,包含多达二三十本的图书,对于每个具体的读者而言,里面有两三本适合他们就不错了。这倒不是说那些出版社开出的书单不好,而是因为阅读这件事完全是个性化的,不能指望所有读者都爱读 10 本特定的书。这也不是出版社不想做个性化推荐,而是无法知道有谁买过它们出版的书。

罗辑思维的用户数量可能只有中国互联网用户基数的10%，甚至更少，而对某本特定的书感兴趣的读者常常只是这一用户基数的1%。但是，只要知道这1%的人在哪里就可以了，因为他们的数量也有几十万。针对这几十万人推销某一本书，效果就好得多，那些人会觉得罗辑思维推荐的书对自己有用，就愿意出更多的钱比网店上的读者更早拿到书。相反，罗辑思维这个平台的作者如果跑到其他平台卖书，即使广告能触达同样多的受众，效果也要大打折扣。因为不了解用户喜好，个性化的红利就消失了。

如果说罗辑思维的个性化是商家主动、用户被动的行为，那么特斯拉对用户主动开放个性化配置汽车的权限，则让它获得巨大的溢价。特斯拉的每一辆车都是购买者自己配置的，这让它可以在生产上完全做到每一辆车都是准确符合购买者需求的。由于没有浪费，特斯拉的毛利率非常高。相反，传统汽车厂商因为不了解每一个人的喜好，只能准备好各种型号和配置的车；而经销商为了保险起见，通常会订购最保险的颜色和最常见的配置。那些失去了个性化的汽车只能靠价格吸引购买者，年底时大量的库存则要靠降价出售的方式才能清空，这使得它们的毛利率变得非常低。不仅汽车公司如此，就连苹果这样的IT企业也会因为不了解用户的需求，做不到优化生产。2017年底，苹果几乎同时推出iPhone 8和iPhone X，前者的销量远低于预期，商店里的存货都卖不出去，而后者销量远高于预期，很多人排队购买。类似地，

2018年底华为在推出 Mate 20 的几个不同型号时，显然也不了解用户的需求情况，从而导致有些型号在街边的小店都能买到，而有些型号则在专卖店里都没货。如果上述公司能够像特斯拉那样事先和顾客有个互动，生产安排就能优化许多。现在，很多汽车公司已经开始学习特斯拉的模式，在高端产品上只做用户个性化定制的车辆。

在未来，不仅企业的产品需要通过个性化获利，每一个人也需要往个性化方向发展。要求所有人都有一样的表现是工业时代的特征，因为只有那样才能保证行动一致，做出来的东西品质才能一致。在未来的智能时代，凡是可以重复的事情都可以由智能的机器去完成，对人的要求不再千篇一律，而是要求人有自己的个性。人因为有个性才可爱，才变得不可替代，那些没有特点，从全世界 70 亿人中随便就能挑出一个替代者的人，没有人会觉得他们重要。

提供具有可用性的产品和易理解性的服务

怎样理解可用性和易理解性呢？我们不妨看这样 4 个例子。

第一个例子是罗振宇讲的。他在大学时跑到图书馆借了很多西方经典名著（非文学类的，比如维特根斯坦、黑格尔的书）回去读，都没有读下去，因为真的读不懂。

读不懂可能有两个原因：一个是西方人在几百年前写的东西，

时代背景、社会背景和现在的中国完全不同，自然不好理解；另一个是很多学者型译者确实没有打算让大众读懂。那些书虽然都是免费的，但我估计不会有什么市场。根据我的经历，在清华大学图书馆的书架上，康德、黑格尔或者休谟的书几乎没有人碰。人文气息浓一点儿的北大的情况并不比清华好，我曾经托一位北大图书馆的朋友帮我借书，上述作者的书随时都能借出，因为没有什么人读，而当时流行的小说却要排队借。

如果有人把你读不懂却很有用的书给你讲懂，你可能就会为此掏钱。很多人愿意花钱买解读经典的产品，就是这个原因。

第二个例子来自我过去给一些杂志审稿的经历。

每次审稿时，我都会发现有些学者的论文真的读不懂，虽然它们有价值。对于这样的论文，就有其他学者将它们重写一遍。在学术界，大家通常读那些重写的论文，而不是原文。这一类复述他人论文性质的论文照理说没有原创性贡献，但是经常能够发表，因为它们满足了大家需要读懂论文内容的需求。

很多年前，我写论文时要用到匈牙利数学家希斯沙的理论，可他的论文真的没法读。为此，我的导师库旦普教授专门开了一门课，其中一半的内容就是讲解希斯沙那几篇过于简短、难以理解又非常重要的论文。我在写博士论文时，花了大约5倍的篇幅将希斯沙的论文解释了一遍，那些解释又成了后来入行的年轻人了解这个领域的读物。这便是解读的意义。

最后两个例子都是凯文·凯利给我讲的。

凯利说虽然开源操作系统 Linux 是免费的，但是提供 Linux 操作系统服务的红帽公司（Red Hat）出的操作手册和教程却要卖 1 万美元。为什么？除非你是操作系统专家，否则即使下载了免费的 Linux 操作系统源代码，也安装不上；就算装上了，很多系统设置也是不对的；就算设置对了，很多功能你也不会用。因此，教会你使用 Linux 的操作手册就值钱了。

凯文·凯利还讲了另外一件很有趣的事情。

在互联网普及之前，电视是最重要的传媒工具。在当时的美国，电视产业被三大电视公司，即美国全国广播公司（NBC）、美国广播公司（ABC）和哥伦比亚广播公司（CBS）控制着。那时没有有线电视，电视节目大多是免费的，电视公司靠广告挣钱。

你以为这些近乎垄断的公司是电视行业里最挣钱的吗？错了，最挣钱的是编写电视收视指南的杂志。它每周出一本 32 开的小册子，在全美各大超市出售。观众看电视之前如果没有这本小册子，根本不知道在上百个电视节目中如何选择。

在任何时代，把事情解释清楚这个本领都可以变成一个很赚钱的生意，比如律师的生意，从本质上讲，就是帮助受托人解释法律。到了信息时代，这种需求变得更为重要，因为现在的很多东西太复杂了，信息量太大了，即使免费，我们也用不好。当我们不得不使用那些东西时，只好向能够帮助我们使用的人付钱了。

在现在的中国图书市场，你会发现一个有趣的现象，很多人会购买整本图书，再花上 4.99 元购买它的解读产品。很多经典著作因为进入公版领域，我们可以找到免费版本（在美国，亚马逊甚至直接将这类电子书免费提供给读者），但是它们的解读产品依然可以卖钱。"解读"就是一种易理解的服务。我们可以想象，虽然谁都可以不花钱下载几百本国学经典，但是绝大部分人在没有解读的情况下真的理解不了书中的内容。

提供可靠而易得的服务

免费的东西固然好，但是不好用的话，必然有人愿意支付一些费用获得可靠的服务。

20 多年前我刚到美国时，一些即将毕业的学长会将自己开了多年的"N 手车"免费送给学弟学妹，但是后者未必会接受免费得来的汽车，因为一辆三天两头出问题的车，给时间很宝贵的学生带来的麻烦比它能够解决的问题多得多。因此，大部分学生会选择花 3000～5000 美元买一辆二手的日本车，因为日本车的可靠性比较高，不需要在修车上花时间和额外的钱。

我们现在往往对那些可以免费获得的二手商品兴趣不大。如果有人免费送给你一台 60 英寸的电视机，或者一台大冰箱，你可能首先要考虑它是否可靠。如果它三天两头坏，还占据客厅不小的空间，你会毫不犹豫地拒绝这样的赠予。对绝大多数人来讲，宁可花钱买一台可靠性高的新电视或者新冰箱，也不会买随时可能坏的免费产品。这便是可靠性的价值，或者说可靠性比免费更重要。

服务也常常体现出可靠性和品质比免费更吸引人的特点。世界各国政府都会提供一些免费服务，包括很多公共事务、义务教育和公费医疗，但是相应行业的私营服务依然有市场。事实上，在美国，最好的大学和医院都是私营的，收费不菲。在中国，很多私营的服务比免费的服务更受欢迎。很多人选择付费的私营服务，因为它们比那些免费的服务更可靠，甚至更容易获得。比如很多人选择到私营牙科诊所去看牙，因为不需要排队，而且服务通常更好。

在商业上，虽然免费服务在短期看比付费服务更有优势，因为它不要钱，但是从长期看，免费服务未必有竞争力，因为它们没有收入，难以改进。人通常能忍受短期的痛苦，但难以长时间接受轻微的痛苦。因此，如果一种服务质量不高、不稳定，用户虽然一开始能够接受，但时间一长就难以忍耐了，就会愿意付钱获得稳定的服务，避免恼人的麻烦。

在美国，几乎所有的服务提供商（比如电话公司、宽带公司、保险公司）为了吸引新顾客，都会提供一些特殊的优惠，甚至免掉头几个月的服务费。因此，只要你愿意，可以在几家不同的服务商中换来换去，能省去不少钱。但是，绝大部分顾客并不会为了省钱而来回更换服务商。他们通常在更换一两次之后，就长期使用某一家服务商的服务了。这不仅是因为换来换去的边际成本很高，更重要的是长期忍受一个让自己感觉不方便的服务十分痛苦。因此，给新顾客大量补贴的是一类公司，拥有大量稳定用户的是另一类公司，它们鲜有交集。后者只要服务可靠、收费合理，就会有很多人长期使用它们的服务。

打造具有数据黏性的服务

这也是大数据时代的一个特点。虽然在任何时代都存在切换的边际成本，但是在互联网和大数据时代，切换的成本远比从前高得多。因为我们换一个服务或者一个产品时，要携带一大堆数据，这件事常常让人知难而退。

在使用固定电话的时代，你从中国电信换到中国联通的成本是极低的，但是你现在想把手机的服务商更换一下，就要考虑大量的数据怎么转移。类似地，过去家里的电话机想怎么换就怎么换，即便是10年前，从摩托罗拉手机换到诺基亚手机，你都不用有任何数据方面的担心。但是，你现在想从安卓手机换到苹果手机，就要三思了。

这些都是由数据的黏性造成的。现在，技术的进步速度很快，以至靠技术打造的护城河常常不可靠，因为一个企业很难做到技术永远领先。但是，数据的积累可以让企业的护城河越来越深。

即使有人将阿里巴巴全部的源代码拿走，设立一个一模一样的服务，也难以复制一个新的阿里巴巴，因为所有用户的数据还在原来的企业里。

我的基金从2014年起投资了上百家公司，覆盖了各行各业，如果说这些公司有什么相似的地方，那就是大多能够不断积累数据、制造黏性，使得客户不会一夜之间迁移走。不仅我投资的公司显示出这个特点，在更大的范围内，越善于使用数据黏性的公司，后来的发展越顺利；而开始靠免费服务拉用户，甚至花钱买用户的公司，常常后劲不足。

那么，个人未来的数据黏性在哪里？我觉得是可叠加式的进步。很多人担心学计算机专业将来只能吃青春饭，其实，这只反映出那些没有护城河的从业者的现状，因为那些从业者可以随时被替代。但是，少数经验不断积累的从业者如今非常稀缺，无论他们开什么价，都有人愿意请他们做事情。他们一旦离开某家企业或机构，企业或机构的损失就会很大，因为它们已经对他们产生了依赖，这就是个人的黏性。有黏性的人都有一个特点，就是自己的本事随着工作时间的增长而增长，他们的经验是不断叠加的，而不是简单重复的。因此，与其预测将来哪个行业吃香，不如增加自己的黏性。

一些人在感叹免费的时代挣不到钱的时候，在抱怨人才市场竞争太激烈，自己找不到好的岗位的时候，不妨换一个角度来看这些问题。世界上每年花出去的钱越来越多,它们都去了哪里?就业岗位也在不断增加,这些岗位在哪里?我们过去的思维方式和对价值的认识需要与时俱进。

信息时代的定律

提到信息时代的规律,人们习惯用几个定律来概括,比如摩尔定律、安迪-比尔定律等。前者通过指出信息时代技术发展的速度,解释了信息时代从技术迭代更新到商业模式变化的原因。后者指出IT产品中软件功能的增加要吃掉硬件性能提升带来的好处,解释了人们为什么会不断购买新的硬件产品,以至原来的大件商品变成了易耗消费品,进而揭示了整个IT行业产业链中的规律。这些定律简单而准确,我们一看就懂。

上述定律更多地揭示了产业发展的规律,和我们每一个人的关系是间接的,即通过产业间接地影响我们。其实在信息时代,还有一个古老的定律在发挥巨大的作用,而且和我们每一个人直接相关,那就是李嘉图定律。

和每个人直接相关的定律：李嘉图定律

李嘉图是英国著名的经济学家，古典经济学的奠基人，也是一位成功的商人和金融市场投机专家，并因此获得了大量的财富。在这一点上，他比后来的凯恩斯能干多了。李嘉图的很多理论和对商业的研究，和亚当·斯密的《国富论》相对应。1809 年，李嘉图根据亚当·斯密在《国富论》中关于垄断价格的理论，提出了地租定律。其内容大致是这样的：土地租金是土地使用者支付的价格，它是由垄断性（稀缺性）决定的，而不是由地主在上面做的投资和改良的成本决定的；它的价格受限于租用者（农民）能够承担的价格。

上述理论被后人称为"李嘉图定律"。在李嘉图看来，空气、水以及各种无限量的天赐物的使用不需要代价，这一点和需要付出劳动才能获得的商品不同。因此，根据劳动价值论，土地是没有地租可收的。但是，土地有好（产量高）和不好（产量低）之分。人们都想要好的土地，因此就会有人愿意付出溢价以获得那些好土地的使用权，即支付地租。越是好的土地（无论是产量高还是地理位置好）就越稀少，租金就越贵。这样，从租金最高的土地，到免费、贫瘠的荒地，就形成了一级级价格的落差。

那么，最高的租金和落差是如何确定的呢？李嘉图定律给出了两种决定因素：不同土地上收入的差额，以及和其他投资（或回报）的对比。第一个因素很容易理解，如果付出同样的劳动，头等的土地比第二等的土地收入多20%，那么农民就愿意多支付20%（或者稍微少一点儿，比如15%）的租金。如果第三等的土地比第二等的土地收入少20%，那么农民只愿意为第三等土地支付第二等土地租金的80%，以此类推。

第二个因素的影响不那么直接，我们不妨看这样一个例子。假定我们在北京的东二环地段投资一套房子，通过出租谋利。如果在未来10年里，租金加上本金的回报率是每年8%，而资本市场的回报率只有5%，那么你就愿意投资房地产，这样就抬高了房价。反过来，投资房地产的回报如果不如投资其他资产，你就不愿意投资，房价就会下跌，一直跌到你认为投资房地产更有利可图为止。地价和租价就这样由资本市场决定了。

李嘉图定律最初只用于土地这些稀缺的自然物上，但是这个定律很快被延伸到其他带有稀缺性质的经济要素中，而且有被无限延伸的趋势。古典经济学大师约翰·穆勒把李嘉图定律延伸到专利等知识产权上，这些知识产权因为独占性也具有稀缺性，只不过租金被知识产权产生的利润代替。新古典经济学的创始人马歇尔则创造出"准地租"这样一个概念，用于各种具有稀缺性的人造资产上，比如厂房、特殊的设备等。

到了信息时代，李嘉图定律被赋予了更新更广的含义，即对能够比较出优势的资产和经济要素进行定价。比如同样是高中老师，张三比李四辅导的学生高考成绩更好，那么张三就如同值钱的土地,他的劳动会获得比同行更高的溢价。同理,在IT行业里,工程师之间、不同产品和服务的三六九等就都被划分出来了。一等的专业人士在收入上相比二等或三等的,有很大的差异。

此外,在信息时代,信息越透明、越对称,流动性越好,李嘉图定律导致的势差就会越大。虽然一流人士平均收入水平从来就比二流人士高,但是在大众商品和大众传媒出现之前,二流、三流还是有饭吃的。在电影和唱片出现之前,一流、二流和三流的艺术家及演艺工作者都有市场,他们的差别只在于挣多挣少,而不是有钱挣与没钱挣。比如在中国,像杨小楼、梅兰芳这样的一流艺术家能在宫廷里、大都市有名的戏楼里唱戏挣大钱,二流的演员会有达官贵人请到家里唱堂会,三流的戏班子则会走街串巷搭台子演出。但是,等电影和唱片出来之后,安徽小镇的人家可以听到梅先生的唱片,武汉的市民可以看到谭鑫培先生的《定军山》。很快,一流艺术家的溢价陡涨,三流艺人就难以糊口了。造成这种趋势的重要原因是信息的透明性和流动性,比如,全国都公认梅兰芳、谭鑫培是名角。

商品的流动也呈现出这样的特征。如果消费者不知道世界上哪一种洗发水效果最好,其购买行为会有一定的随意性,最好的洗发水和差一点儿的洗发水销售额会有一定的差异。但是,如果信息很透明,流动性很快,大家都知道有一种洗发水好,它的销售额会很快上升,其他洗发水会迅速失去市场。

格 局

信息时代稀缺性的势差

随着互联网将一切变得透明,李嘉图定律势差增加的特点不仅体现在商品和传媒上,还体现在地租等资源上。我们往往有这样的体会,中国二线城市的房价和一线城市相比呈断崖式下跌,三、四线城市相比二线城市也是断崖式下跌。在一些城市,普通地段的房价和学区房房价的差异也是如此。一些人觉得这可能是中国人重视教育,喜欢在大城市居住的结果,其实在美国,优质地段的价格也同样比周边地区价格高得多。很多人觉得北京学区房的房价比周边一公里外高 50% 就是了不得的事情,其实在硅谷,隔着一条高速路,房价差三倍都不稀奇(比如帕罗奥多和东帕罗奥多),这就是李嘉图定律的放大效应。图 7-1 是李嘉图定律在过去和当下的对比表现,呈现的是从市中心到周边再到荒地房价的变化趋势。过去,这种变化是比较缓慢的,而现在,价格变化趋势要陡得多。

李嘉图时代的地租势差

信息时代稀缺性的地租势差

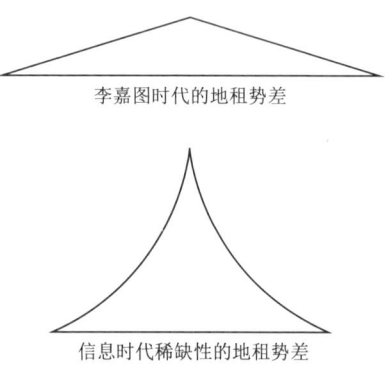

图 7-1 李嘉图定律所描绘的地租势差在过去和当下的对比

在信息时代，李嘉图定律带来的势差放大效应，会导致一个地区人员结构、产业结构的巨变。最明显的标志，就是现在很多人觉得自己在一线城市买不起房子，更别提好学区的房子了。

但是，那些抱怨买不起房子的人，是否换角度思考过，一线城市的房子都卖给谁了？现在中国一线城市的住房是限购的，一个煤老板或炒房团一次能购买几十套房子的情况已经不存在了，因此，一线城市的住房、好学区的住房，还是当地人购买的。为什么有的人买得起，有的人买不起？因为，李嘉图定律在人这种特殊资源上造成的势差，要远远超过在土地、房屋等方面造成的势差。

我以美国硅谷中心地区帕罗奥多的房价为例，来解释这个现象。2000年互联网泡沫时期，帕罗奥多的房价达到一个高峰，当时（独栋）住房的中位数价格大约是50万美元，而家庭收入中值是11万美元，也就是说房价大约是一个家庭4.5年的税前收入。到2016年，虽然美国经历了互联网泡沫的破碎和2008年的金融危机，但是硅谷地区依然繁荣，而且有长足的发展。因此，地处硅谷中心、学区很好的帕罗奥多地区的房价猛涨了300%还要多，中位数价格超过了200万美元，而全美同时期的房价变化率只有100%左右。这个数据已经体现出李嘉图定律的效应了。更值得关注的是，当地家庭的中值收入只增加到16万美元（增加了将近50%，这在美国已经相当高了），也就是说房价的增长率是收入的

10多倍。如果让当地居民重新在那里购买房屋，他们是买不起的。那么谁在那里抢房子，把房价抬高了那么多呢？答案是硅谷大公司的高管，以及谷歌、脸书这些公司的早期员工。谷歌的股价从上市到2016年增长了10多倍。脸书于2004年诞生，在2012年上市，到2016年已经发展成一家市值3600多亿美元的公司。此外，离帕罗奥多不远的苹果公司发展得更好。这样的公司财富积累的速度超过了当地房价，其员工财富的积累几乎是成比例增加的，这些人支撑起了帕罗奥多地区的房价。因此，如果我们用两个梯度图表示，实线表示硅谷房价的李嘉图定律，虚线表示当地收入的李嘉图定律，后者比前者陡得多（见图7-2）。

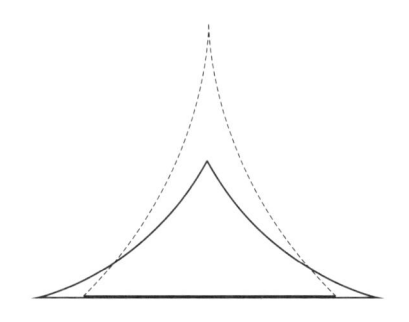

图7-2 李嘉图定律在硅谷房价和收入上的表现

在《见识》一书中我讲过，工程师（以及其他专业人士）可以按照朗道的标准分为5个等级，第一级工程师的贡献是第二级的10倍，第二级是第三级的10倍，以此类推。当然，他们的收入常常存在指数级差别。谷歌开发无人驾驶汽车的工程师莱万多夫斯基（Tony Levandowski）在短短的几年里收入上亿美元，而末流的游戏开发工程师月收入不过 1000 美元，低于美国的贫困标准，甚至比打扫卫生间的都低很多。这种从结果上看不公平的社会现象之所以存在，是由李嘉图定律决定的。随着信息流动性增强以及智能技术的提高，个别能力超强的人可以在技术的帮助下发挥巨大作用，行业里不再需要四流、五流的从业者了。中国的情况也类似，最好的游戏设计者一年能挣一亿元，而大量的游戏设计从业人员收入极低。

其他行业的专业人士（律师、会计师、投资经理等），受到李嘉图定律影响的情况并不比工程师好多少，一等水平专业人士的收入是行业平均水平的几倍到十几倍。在硅谷，由于商业的需要有很多法律从业者，一流律师事务所合伙人的收入是普通律师的十几倍，这还只是企业律师之间的差异，那些专门上法庭的顶级律师收入更高。在投资领域，这种差异甚至比 IT 行业更大。

造成这个现象的原因是，在企业和机构组织内部，原先一个能干的人无论多能干，因为时间、精力有限，想做太多的事情都不可能的；现在随着各种智能工具的出现，他们能够在极大程度上放大自己的作用。加之企业之间信息流动的有效性，领头羊很容易实现赢者通吃。于是，一流企业中的一流员工和三流企业中的三流员工之间的差距，达到了有史以来的最大势差。现在，绝大部分 IT 服务，比如各种 App，不仅不能挣钱，甚至还需要倒贴钱请人使用。但是，一款好的 App 几年就能挣上亿美元。在半导体行业的任何一个细分市场内，第一名拿走几乎全部利润，第二名勉强做到不亏损，第三名之后都在亏损。这和农耕文明时代粮食总是有人要的状况完全不同，和工业时代劣质工业品能通过降价销售出去的状况也不同。

总有很多人以为，技术的进步能够缩小人与人之间的差距，让每个人的机会趋同。遗憾的是，每一次重大的技术进步都让李嘉图定律的效应放大，即便各种资源总体的数量在增加。随着经济的发展，最好的资源不是变得更多，而是变得越来越紧缺，包括好的学校、好的医院，以及好地段的房子。在中国，虽然在校大学生的人数比 30 年前我读大学的时候增加了很多倍，但是最好的大学还是那几所，并没有增加，甚至它们招生的人数也没有增加，这导致学生想进入最好的大学变得更困难。美国的情况也类似，我从 2006 年开始参加约翰·霍普金斯大学的管理工作，亲眼看着它的录取率从 25% 左右降低到 2018 年的不到 10%。而且，同期美国最好的大学录取率走势都和约翰·霍普金斯大学差不多。相反，三流、四流的大学则招生困难，不得不从中国大量招收连英语都听不懂的小留学生，以维系学校的运转。

把规律写进我们的行动指南

很多人在想，能否通过一些政府调节手段人为地消除李嘉图定律的影响呢？作为一个凡人，我始终奉行"世界上真正的老大是上帝"这样一个原则。像摩尔定律、安迪－比尔定律和李嘉图定律这些规则，是上帝设定的，任何人都赢不过它们。你信也好，不信也罢，它们永远在左右着世界。中国一些城市强行限制黄金地段新房的房价（二手房无法限制），结果在杭州、深圳这样的城市，好地段的新房和二手房价格倒挂，以至很多市民不去上班，天天排队拿号抢房子。只要他们能抢到一套房子，转手卖出后挣的钱比他们几十年挣的工资都多。也就是说，即使我们人为地做了限制，李嘉图定律还在发挥作用。

那么，作为凡人，我们能怎么办？只能承认在这个时代起作用的各种规律，并且按照规律办事。比如，买房子的时候，要选一个好地段，而不要贪便宜到差地段去买一个更大的房子。再漂亮的新房子都会逐渐贬值，只有好地段的土地才会升值。在选择办公地点时，千万不要为了得到一点点地方上的政策优惠，跑到缺乏商业规则的城市去，因为那一点点优惠是有限的、短期的，今后的麻烦是没有止境的。很多地区不发达，说明它们处在李嘉图定律所说的最无价值的底端。类似地，聘用人员时，不要贪便宜雇一大堆三流人士来充数，因为一堆三流的人聚在一起，有时带来的麻烦比他们能解决的问题还多。做产品、做服务，必须做到自己所在垂直领域的前三名，最好是第一名。在市场上，第二名永远无法拿到第一名的估值，第三名之后的价值几乎等于零。

苹果公司现在的市值超过万亿美元，产值超过世界上 90% 国家中每一个国家的 GDP，而它的产品种类只有区区个位数。这就如同北京王府井地区一亩地的价格要远远超出荒滩上万亩地的价格一样。

作为个体的人，如果你能比同行的平均水平好那么一点点，就会受到欢迎；如果好一个数量级，就会有人出数倍的溢价邀请你做事。相反，如果你比周围人差，你的劳动即使是免费的都没有人要，这就如同没有人愿意付钱租用荒滩和盐碱地一样。于是，现在形成了一方面很多单位招不到合适的人，另一方面很多人没有事情做的现象。我经常讲 10 个 90 分都抵不上一个 100 分，因为卓越和良好之间的落差是巨大的。

在我们生活的时代，无论摩尔定律还是李嘉图定律，都像是上帝手中的剪刀，悄无声息地给大自然修枝剪叶。因此，我们在了解它们之后，应该把它们写入我们的行动指南。

致　谢

从 2016 年到 2018 年，我在罗辑思维的"得到"App 上写了两年的专栏，大约 700 篇文章。其中的前 200 篇被精选整理成了《见识》和《具体生活》两本书，2017 年和 2018 年这两本书已相继出版。随后，罗辑思维的编辑白丽丽女士、战轶女士和我一同整理了后面 500 篇文章中的精华内容。我们从读者对专栏内容的反馈中发现，大家很关心自我提升和认知升级的内容，于是我们选出近 50 个题目，由我以专栏的内容为蓝本，重新创作成《格局》一书。在这个过程中，白丽丽女士、战轶女士倾注了大量的心血，在此我要对她们表示衷心的感谢。

在本书的创作和出版过程中，我得到了很多朋友、同事和读者的鼓励与帮助。罗辑思维的创始人罗振宇先生和脱不花（李天田）女士长期以来一直对我的创作工作给予各方面的支持。该公司的李倩女士、宁志忠先生、朱玛顶先生和焦钰冰女士，"得到"App的很多专栏作家，包括刘润先生和卓克先生，都不断鼓励和帮助我。在随后的出版过程中，罗辑思维编辑团队的白丽丽女士、战轶女士，中信出版集团经管社的副社长赵辉先生，主编张艳霞女士，编辑杨博惠女士、范虹轶女士、王振栋先生，付出了辛勤的劳动，圆满地完成了全书的策划、设计、编辑、校对和美工等诸多工作。此外，中信出版集团的副总编辑方希女士、经管社社长朱虹女士也一直关注本书的出版工作，并为此配备了各方面的资源。在此，我要向他们表示诚挚的感谢。

最后我要感谢我的家人。在专栏的写作和本书的创作过程中，她们给予我很多鼓励和帮助。没有她们的支持，我很难有时间和精力完成写作任务。